JN076678

日本語

コミュニケーション
のための

聴解
教材
の作成

野田尚史・中尾有岐 編

ひつじ書房

目次

学習者が雑談を聞く難しさ　　　83
（村田裕美子）

雑談を聞く教材の作成　　　99
（吉川景子）

講義を聞く教材の作成 147
（野田尚史・中尾有岐・萩原章子）

第5部 会議の発話を聞く教材 167

会議で話される内容と表現 169
（中尾有岐）

本書の目的と構成

　本書は、日本語を母語としない日本語学習者用の聴解教材を作成するためには、どのような調査を行い、どのように教材を作成するのがよいかをまとめたものである。

　日本語教科書をはじめとする日本語教材はさまざまなものが出版されたりウェブで公開されたりしているが、教材の作成方法についてまとめられた書籍はほとんどない。作成された個々の教材の狙いや作成方針について述べられている論文はあるが、従来の教材とは違う新しい教材を作ろうとするときには必ずしも参考にはならない。

　本書は、学習者が実際に日本語でコミュニケーションを行うときに役に立つ教材を作成する方法を提案することを目的としている。

　日本語でコミュニケーションを行うという活動は、具体的には日本語を「聞く」「話す」「読む」「書く」という4つの活動に分けられる。本書ではそのうちの「聞く」活動、つまり聴解活動を行うための教材の作成を扱う。

　本書では、実際のコミュニケーションで役に立つ教材を作るために、従来の教材とは違い、初級段階から「聞く」「話す」「読む」「書く」という4つの活動を分けて教材を作成するのがよいということを前提にしている。また、「文型」から出発して教材を作成するのではなく、日本語についての調査や学習者を対象にした調査をもとに教材を作成することを方針にしている。

　最近は日本語学習者の多様化が急速に進み、それぞれの学習者が日本語を習得する目的も多様になってきている。また、教育方法も紙の教科書を使って教室で日本語を教えるのではなく、それぞれの学習者に自分に合ったウェブ教材を選んでもらい、自分が必要としている日本語の技能を学んでもらうことが増えている。

　このような時代には、既存の教材とは違うさまざまな新しいタイプの教材を作成して日本語学習者に提供する必要がある。本書は、そのような新しい教材を作ろうとするときに参考にしてもらうことを目的にしている。

本書の構成は次のとおりである。最初に第1部で、コミュニケーションのための聴解教材作成の基本方針を示す。

　その後、第2部から第5部では、それぞれ違うタイプの教材を例にして、教材の作成方法について具体的に述べる。第2部では、日常生活における聴解として飲食店での聴解を取り上げる。第3部では友人などとの雑談の聴解、第4部では大学などでの講義の聴解、第5部ではビジネスにおける会議での聴解を取り上げる。

　教材の作成方法について具体的に述べる第2部から第5部の中は、それぞれ3つの部分に分かれる構成になっている。最初の部分はその場面で話される発話の内容と表現、次の部分は学習者がその発話を聞くときの難しさ、そして、最後の部分はその発話を聞いて理解するための教材の作成方法である。

　このような構成になっているのは、調査をもとに教材を作成するのがよいと考えているからである。学習者が聞く日本語はどのようなものかを調査し、学習者がそれを聞くときに何が難しいのかを調査した上で、その調査結果をもとに教材を作成する必要があると考えているということである。

　そして、最後の第6部では、本書で示された方法で作成された教材を学習者に試用してもらった結果について述べる。

　なお、本書は、野田尚史(編)『コミュニケーションのための日本語教育文法』(くろしお出版、2005年)で示された提案をもとに聴解教材を作成する方法を具体的に述べたものだと位置づけられる。『コミュニケーションのための日本語教育文法』では、日本語教育に必要な文法を根本的に考え直し、日本語教育や日本語教材を変えていくという提案が示された。その提案を受けて、その後、ウェブ版日本語聴解教材「日本語を聞きたい!」の作成を進めてきたが、本書はその教材を作成しているメンバーが中心になって書いたものである。

　本書の出版をきっかけに、日本語学習者が必要としている日本語での実際のコミュニケーション能力を重視したさまざまな教材が次々に作成されるようになることを願っている。

(野田尚史・中尾有岐)

第 1 部

日本語聴解教材作成の
基本方針

日本語コミュニケーションのための聴解教材作成の基本方針

1. コミュニケーションのための聴解教材の概要

　日本語コミュニケーションのための聴解教材というのは、日本語学習者が実際に聞く必要がある日本語や聞きたいと思う日本語を聞いて、その意味を理解できるようにするための教材である。

　そのような教材を作成するためには、(1)から(3)の方針を立てて教材の構成や内容を決める必要がある。

(1)　現実的な状況設定：どのようなときにどのような音声を聞くのかという状況設定を現実的なものにする。
(2)　明確な目標設定：その音声を聞いて何を理解できるようになるのかという目標設定を明確なものにする。
(3)　聴解技術の明示：聞いた音声からどの部分を聞きとり、そこから何を理解すればよいのかという聴解技術を明示する。

　また、このような方針に従って個々の教材を作成するためには、(4)から(6)の研究が必要である。

(4)　日本語で話される内容と表現の研究：個々の状況でどのような内容がどのような表現で話されているのかという研究
(5)　学習者が日本語を聞く難しさの研究：学習者は聞いた音声のどのような部分をどのように理解できないのかという研究
(6)　聴解教材の構成と内容を設計する研究：学習者に役に立つ聴解教材は構成と内容をどのようにすればよいのかという研究

ここであげた(1)から(3)の方針については、それぞれ2.から4.でこれまでの教材と比較しながら詳しく述べる。(4)から(6)の研究については、それぞれ5.から7.で具体例をあげながら詳しく説明する。その後、8.でまとめを行い、今後の課題を示す。

2. 現実的な状況設定

　現実の日本語を聞いて意味を理解できるようになる教材を作成するためには、どのようなときにどのような音声を聞くのかという状況設定を現実的なものにする必要がある。具体的には、(7)から(9)のようにするということである。

(7)　　実際の状況から出発する
(8)　　実際に使われる語彙・文型を使う
(9)　　実際に聞くような音声を聞いてもらう

　(7)から(9)について、それぞれ2.1から2.3で説明する。

2.1 実際の状況から出発する

　「実際の状況から出発する」というのは、文型から出発するのではなく、実際によくある状況から出発するということである。
　これまでの聴解教材、特に初級教材は、文型から出発するものが多かった。たとえば、宮城幸枝(2014)では『初級日本語聴解練習 毎日の聞きとり50日』について(10)のように述べられている。

(10)　　この教材の目的は、主教材となる教科書で習った文法項目や語の使い方を音声インプットによって再確認し、定着をはかることと、それらが実際の生活の中でどのように使われているかを会話や説明・解説調のモノローグを聞くことによって理解することです。　　　　　　　　　　　　　　　　　　　(p. 71)

しかし、文型から出発して聴解教材を作成すると、実際にはないような状況設定になりやすい。たとえば、『初級日本語聴解練習　毎日の聞きとり50日（上）』には、(11)のような会話を聞いて、本やバッグ、パソコンなどの絵から正しいものを選ぶ練習がある。宮城幸枝(2014: 102)によると「助数詞を聞いて、ものの形状をイメージする」練習とされている。

(11)　A：すみません、これは、1台いくらですか。
　　　B：それは25万8千円です。

（「本文スクリプト　解答例」p. 4）

　しかし、「1台」からパソコンをイメージしなければならない状況は実際にはない。Aは「これ」と言いながらパソコンを指差しているはずである。Aの指を見れば、Bはパソコンのことだとわかる。
　この練習を「25万8千円」を聞いて値段を理解する練習に変えたとしても、あまり現実的にはならない。店で売っているものは、値札を見れば値段がわかる。値段を聞いて理解しなければならない状況はほとんどない。
　店で値段を聞く状況としては、修理料金を聞くとか配達の送料を聞くといった状況にしない限り、現実的にはならない。

2.2 実際に使われる語彙・文型を使う

　「実際に使われる語彙・文型を使う」というのは、既習の語彙・文型だけを使うのではなく、実際にその状況で使われる語彙・文型を使うということである。
　これまでの聴解教材、特に初級教材は、できるだけ既習の語彙・文型を使うようにしているものが多い。それは、宮城幸枝(2014: 71)で述べられているように、聴解教材が「主教材となる教科書で習った文法項目や語の使い方を音声インプットによって再確認し、定着をはかる」ことを大きな目的にしているからである。
　しかし、既習の語彙・文型だけを使うと、実際には聞くことがな

いようなものを聞くことになりやすい。たとえば、『みんなの日本語初級II 聴解タスク25』の第39課では「世界の動物ニュース」を聞くという状況で(12)のような音声が使われている。

(12)　こんにちは。毎日寒いですね。きょうは冬でも元気な動物を紹介します。冬になると、猿は雪で体が冷たくなります。それで、地獄谷の猿は温泉に入るんです。雪が降っていても、温泉の中は温かくて、気持ちがいいです。初めは猿は温泉に入りませんでしたが、近所の人がよく温泉に入りに来ますから、見ていたんですね。　　　　（「スクリプト　答え」p. 42）

　この音声はできるだけ既習の語彙・文型を使おうとしたために、ニュースとしては不自然になっている。ニュースでは、「温泉に入るんです」の「んです」や「温泉に入りに来ますから」の「から」が使われることはほとんどない。また、「温泉に入るんです」と「温泉に入りませんでした」「見ていたんですね」の主語が猿なので、その間にある「気持ちがいいです」の主語も猿のつもりだと思われるが、「気持ちがいいです」の主語は普通は話し手自身になる。「気持ちがいいです」の主語が猿だと、やや不自然である。
　未習の語彙・文型を使っても、実際に聞くことがありそうな音声にしなければ、現実的な状況設定にはならない。

2.3 実際に聞くような音声を聞いてもらう

　「実際に聞くような音声を聞いてもらう」というのは、理想的な聞きやすい音声を聞いてもらうのではなく、聞きやすくなくても実際に聞くような音声を聞いてもらうということである。
　これまでの聴解教材は、アナウンサーや声優がわかりやすく話した音声を聞かせるものが多かった。たとえば、宮城幸枝(2014: 65)では音声を録音するときの「声優選定のポイント」として「声のピッチ」「正確で歯切れのよい発音」「韻律表現の正確さ」「聞き手に好感を抱かせる声かどうか」「癖のない話し方ができるか」という5点

があげられている。

　一方、『日本語生中継―聞いて覚える話し方　中～上級編』や『Live from Tokyo―生の日本語を聴き取ろう！』のように、実際に聞くような音声を聞かせようとしている教材もある。

　実際には、理想的な音声を聞くことはほとんどない。むしろ、「低くて、歯切れの悪い発音」「語尾が聞こえにくい癖のある話し方」「関西方言のアクセント」など、さまざまな音声を聞くことが多いはずである。現実の社会で出会いそうな音声を聞いてもらわないと、現実的な状況設定にはならない。

3. 明確な目標設定

　現実の日本語を聞いて意味を理解できるようになる教材を作成するためには、その音声を聞いて何を理解できるようになるのかという目標設定を明確なものにする必要がある。具体的には、(13)から(15)のようにするということである。

（13）　聴解だけを目標にする
（14）　具体的な目標を示す
（15）　すべてを理解することを目標にしない

　(13)から(15)について、それぞれ3.1から3.3で説明する。

3.1 聴解だけを目標にする

　「聴解だけを目標にする」というのは、作文や会話など聴解以外のことも目標にするのではなく、聴解だけに目標を特化するということである。

　これまでの聴解教材は、聴解以外のこともさせるものが多かった。たとえば、『留学生のためのアカデミック・ジャパニーズ　聴解　上級』では、講義を聞いて内容を確認する問題以外に、要約をするために話し合いをする(16)のような問題が各課に入っている。その

後、字数を指定して、要約を書かせる問題も入っている。

（16）　要約に書くべきポイントをいくつかあげなさい。まず自分で
　　　　考えて書いてから、グループで話し合いましょう。

　そのほか、その課に関連した話題で話し合いをする問題も入ってい
る。(17)は、第13課「子どもの顔」の話し合いの課題である。

（17）　あなたがかわいいと思うものは何ですか。また、その理由を
　　　　説明してください。　　　　　　　　　　　　　　　（p. 65）

　要約は、聞いて内容を理解する聴解能力も必要ではあるが、文を
書く作文能力が重要になる。話し合いは、他の人の話を聞く聴解能
力も必要ではあるが、話す能力が重要になる。
　聴解の教科書に要約や話し合いの問題が入っているのは、教室活
動のためである。聴解は、よい教材があれば教師がいなくても独習
しやすく、教室活動をする必要はあまりない。教科書に要約や話し
合いが入っていれば、学習者どうしが要約や関連することについて
話し合ったり、教師が要約を添削したりできる。そうすれば、学習
者が同じ教室に集まって授業を受ける意味が出てくる。
　なお、2.3で「これまでの聴解教材は理想的な聞きやすい音声を
聞かせることが多かった」と述べたが、それは聴解だけではなく自
分が話すことも目標にしていたからである。宮城幸枝(2014: 64)で
も、理想的な聞きやすい音声を使うことについて「日本語音声言語
のモデルを示すという役割も担ってい」ると説明されている。
　しかし、教室活動を前提にしたり聴解以外も学ぶ総合教材にした
りするのでなければ、聴解に特化し、目標を明確にするのがよい。

3.2　具体的な目標を示す

　「具体的な目標を示す」というのは、教材全体に対して抽象的な
目標を示すのではなく、練習の1つ1つに対して具体的な目標を示

すということである。

　これまでの聴解教材は、練習の1つ1つが何を目標にしているのかが明確でないものが多かった。たとえば、『ニュースの日本語聴解50』では教材の各章にニュースの音声を聞いて行う(18)や(19)や(20)のようなタスクが示されている。こうしたタスクでは、「全体を理解する」のような大きな目標しか示されていない。

(18)　全体を理解する―チャレンジしてみよう!―
(19)　ポイントをつかむ―「〜が/〜は」と、それに続く動詞の部分に注意しよう!―
(20)　詳細を理解する

　ただし、この教材ではタスクの後に「解答と聞き取りのポイント」があり、(21)の説明がある。

(21)　同本部
　　　◆パート①の言葉をパート②で短く言い換えている例
　　　「日本生産性本部」→「同本部」

　こうした説明を聴解のためのものに変えれば、1つ1つの説明が何のためにあり、それを学習することによって何ができるようになるのかという目標を示すことができるようになる。たとえば、ニュースに出てくる「同〜」が何を指しているのかを理解するための説明であれば、(22)のようなものが考えられる。

(22)　「ど」が高く「う」が低い「どう」という音声が聞こえ、その
　　　後に「して」や「する」「やって」などではなく、名詞の音声
　　　が聞こえた場合は、その名詞が前に出てきたときにその前に
　　　ついていた部分を含めた全体を指している。
　　　(「同本部」は、前に出てきた「日本生産性本部」を指している。)

　そして、この目標のためだけの十分な量の練習を作れば、具体的

な目標があり、その練習が十分にできる教材にすることができる。

3.3 すべてを理解することを目標にしない

「すべてを理解することを目標にしない」というのは、聞いたことをすべて理解することを目標にするのではなく、その状況で必要なことを理解することだけを目標にするということである。

これまでの聴解教材は、聞いたことをすべて理解できるようにしようとするものが多かった。2.2で、これまでの聴解教材は「できるだけ既習の語彙・文型を使うようにしているものが多い」と述べたが、それは聞いたことをすべて理解することを前提にしていたからである。未習の語彙・文型が多いと理解できない部分が多くなるため、既習の語彙・文型を使うようにしていたということである。

しかし、既習の語彙・文型だけを使うようにすると、たとえば飲食店でコーヒーを注文したときに言われる(23)のような日常的な質問も初級段階では扱えないことになる。「いい」は既習でも「よろしい」は未習であったり、過去を表す「た」は既習でも丁寧さを表すこのような「た」の用法は未習であったりするからである。

(23)　ホットでよろしかったでしょうか。

実際の聴解では、コーヒーを注文したという状況で店のスタッフが「ホット」という語を含む質問をしてくれば、必ず「アイスコーヒーではなくホットコーヒーでよいか」という質問である。そのような背景知識さえあれば、「よろしかったでしょうか」の意味がわからなくても、質問の意味は理解できる。

聴解教材では、重要な部分を聞きとれるようになるだけではなく、重要でない部分を無視できるようになることも目標になる。

また、わからない部分があったときにその意味を推測する能力を養うことも目標になる。国際交流基金(2008)には、(24)の指摘がある。

(24)　実際の聴解では、学習者は未習語に出会うことがむしろ普通

です。未習語に出会ってもあわてずに聞き続ける習慣をつけるためにも、聴解指導のテキストには未習語がある程度入っていたほうがいいのです。文脈から意味を推測する練習を積極的に行ってください。 (p. 30)

　意味を推測する練習を積極的に取り入れている教材はまだほとんどないが、推測を聴解教材の重要な目標にしていく必要がある。

4. 聴解技術の明示

　現実の日本語を聞いて意味を理解できるようになる教材を作成するためには、聞いた音声のどの部分を聞きとり、そこから何を理解すればよいのかという聴解技術を明示する必要がある。具体的には、(25)から(27)のようにするということである。

(25)　具体的な聴解技術を示す
(26)　背景知識だけの聴解技術も示す
(27)　いろいろな言語で説明がある音声中心のウェブ教材にする

　(25)から(27)について、それぞれ4.1から4.3で説明する。

4.1 具体的な聴解技術を示す

　「具体的な聴解技術を示す」というのは、聴解をするときの心構えだけではなく、聞いた音声のどの部分から何を理解すればよいのかという具体的な聴解技術を示すということである。
　これまでの聴解教材は、抽象的な心構えを示すだけだったり、練習をさせるだけで聴解方法を示していなかったりするものが多かった。たとえば、『やさしい日本語の聴解トレーニング』には(28)の説明がある。

(28)　日本語は、文脈で判断できる場合、「誰が」「誰に」「誰を」と
　　　いった主語や目的語を言わないことが多くあります。これを
　　　聴き取るためには、話の中で「何のことを言っているか」、
　　　つまり「主語」は何かをよく理解し、そこから外れないこと
　　　が大切です。　　　　　　　　　　　　　　　　　　　(p. 77)

　これは聴解で重要なことではあるが、主語は何かを具体的にどの
ように判断すればよいのかは、この説明だけではわからない。
　省略されている主語が何かを判断できるようにする具体的な聴解
技術というのは、たとえば(29)や(30)のような説明である。

(29)　「掃除をしてくれたんで、部屋がすごくきれいになった」の
　　　ように「くれる」がついている場合は、「掃除をした」人は話
　　　をしている人ではなく、その前に出てきた人である。
(30)　「掃除をしたんで、部屋がすごくきれいになった」のように
　　　「くれる」がついていない場合は、「掃除をした」人は話をし
　　　ている人であるのが普通である。ただし、その前に他の人の
　　　話が続いていた場合は、その人になる。

　聴解教材では、このような具体的な聴解技術を1つ1つ示すのが
よい。その上で、その聴解技術が身につくように、さまざまな音声
を聞いて「だれがしたのか」を答える練習をする必要がある。

4.2 背景知識だけの聴解技術も示す

　「背景知識だけの聴解技術も示す」というのは、「この語句はこの
ような意味を表している」という言語的な聴解技術だけではなく、
「このような状況ではこのようなことが言われる」という背景知識
だけの聴解技術も示すということである。
　背景知識だけの聴解技術というのは、たとえば日帰り温泉施設の
受付で質問されることを理解する(31)のような聴解技術である。

（31）　色や柄が違う複数の館内着の写真が載ったシートを示しなが
　　　　ら何か質問してきたら、「どの館内着を希望するか」を質問し
　　　　ている。普通は、どれを選んでも追加料金は要らない。

　このような聴解技術はこれまでの聴解教材ではほとんど扱われて
いないが、実際の聴解では役に立つ。現実の日本語を聞いて意味を
理解できるようにする教材では、積極的に取り上げる必要がある。

4.3　いろいろな言語で説明がある音声中心のウェブ教材にする

　「いろいろな言語で説明がある音声中心のウェブ教材にする」と
いうのは、(32)から(34)のようなことである。

（32）　説明は日本語だけではなくいろいろな言語で示す
（33）　練習は文字を使わないで音声で行う
（34）　練習が多くできるようにウェブ教材にする

　まず、(32)の「説明は日本語だけではなくいろいろな言語で示
す」というのは、聞いてもらう音声は日本語であるが、それ以外の
説明や練習問題の指示や選択肢などは日本語だけではなく、いろい
ろな言語で示すということである。
　説明や指示が日本語だけであると、日本語があまり読めない人に
は使えなかったり、内容が正確に伝わらなかったりする。学習者の
母語か母語に準じる言語で読めるようにしておくのがよい。最近の
日本語教材は説明がいろいろな言語で見られるものが増えているが、
可能な限り、多くの言語に対応したものにするのがよい。
　次に、(33)の「練習は文字を使わないで音声で行う」というのは、
練習問題では日本語の音声を示すだけで、文字で書かれたスクリプ
トは示さないほうがよいということである。
　聴解は音声を聞いて意味を理解することであり、基本的には文字
を使わないからである。もちろん、たとえば講義では実際にスライ
ドを使ったり板書をしたりすることは多いので、そのような聴解で

はスライドや板書を見て、理解の助けにするのはよい。

　基本的に文字を使わないで音声だけにした場合、音声だけでは記憶しにくく不安を感じる学習者もいる。そのような学習者のために、音声を文字にしたスクリプトも用意しておくほうが親切である。

　そのようなスクリプトを用意するときは、日本語のかな漢字表記やローマ字表記だけではなく、日本語の文字の読み方を知らなくても日本語の音声がわかるものもあるほうがよい。初級や中級の教材では特にそうである。具体的には、野田尚史・中北美千子(2018)の「英語アルファベットによる日本語音声表記」、野田尚史・島津浩美(2019)の「中国語漢字による日本語音声表記」、野田尚史・宮崎聡子(2021)の「韓国語ハングルによる日本語音声表記」、野田尚史・高澤美由紀(2020)の「スペイン語アルファベットによる日本語音声表記」のような表記も使うということである。

　最後に、(34)の「練習が多くできるようにウェブ教材にする」というのは、分量に制限がある紙の教材ではなく、分量に制限がないウェブ教材にして、いろいろな言語で詳しい説明をつけたり、多くの練習を提供できるようにしたりするということである。

　関正昭・平高史也(2015)では、「学習者の興味を惹き付けるためにそのときどきのホットなニュースや人物などから話題を取り上げ」ることについて(35)の指摘がある。

(35)　数年後、早ければ1〜2年も待たずして修正や差し替えを余儀なくされる可能性があることを覚悟しなければなりません。

(pp. 81–82)

　紙の教科書であれば修正や差し替えは簡単にはできないが、ウェブ教材であれば簡単にできる。教材使用者の意見を聞きながら修正や改訂を繰り返すことも難しくない。

5. 日本語で話される内容と表現の研究

　ここまでの2.から4.で述べた方針に従って個々の教材を作成するためには、1.で述べたように、(36)から(38)の研究が必要である。

(36)　日本語で話される内容と表現の研究
(37)　学習者が日本語を聞く難しさの研究
(38)　聴解教材の構成と内容を設計する研究

　(36)から(38)について、それぞれこの5.から7.で説明する。

　(36)の「日本語で話される内容と表現の研究」というのは、学習者が聞くことが多い個々の状況でどのような内容がどのような表現で話されているのかを明らかにする研究である。

　この研究は、学習者はその音声から何を聞きとる必要があるのかを考えた上で、それを聞きとるためにはどのような表現を知っておく必要があるのかを明らかにするために行う。

　たとえば、講義を聞くときに、学習者はどこが重要な部分で、どこが重要でない部分かを理解できるとよい。それを理解できるようになるためには、重要な部分ではどのような表現が使われているのか、また、重要でない部分ではどのような表現が使われているのかを明らかにする研究が必要になる。

　あまり重要でない部分が始まるときには、たとえば「余談ですが」や「話は横にそれますが」といった表現が使われることが予想される。しかし、実際の講義ではどのような表現がよく使われているのかは、調査しなければわからない。

　書きことばではさまざまなコーパスが整備されてきているので、比較的簡単に調査ができるが、話しことばではコーパスが少なく、簡単には調査ができない。コーパスを使ったとしても、語彙や文型から出発するような調査、つまり「余談」で検索して「余談」が使われている例を集めるような調査では、「講義であまり重要でない部分が始まるときにはどのような表現が使われているのか」を過不

足なく明らかにすることはできない。音声を聞くか、音声を文字化したテキストを読んで、講義であまり重要でない部分に使われる表現を見つけなければならない。

なお、この「日本語で話される内容と表現の研究」は、次の6.で述べる「学習者が日本語を聞く難しさの研究」の結果を十分に考慮して進める必要がある。学習者にとって聴解が難しい部分を中心にどのような内容がどのような表現で話されているのかを明らかにすることが重要だからである。

6. 学習者が日本語を聞く難しさの研究

2.から4.で述べた方針に従って個々の教材を作成するためには、「学習者が日本語を聞く難しさの研究」も必要である。

この研究は、学習者が聴解でどのような部分の意味を適切に理解できないのかを明らかにするものである。

研究方法としては、たとえば学習者が雑談をしているときに相手の発言を聞きとる難しさを調査するのであれば、(39)から(41)のような方法で行うのがよい。

(39) 学習者に日本語母語話者と雑談をしてもらう。そのときの母語話者の映像を2人の音声とともに録画しておく。

(40) 雑談が終わった後、録画した映像とともにその音声を少しずつ学習者に聞いてもらい、理解した内容や理解できないところを自分の母語で話してもらう。

(41) 学習者がどう理解したのかがよくわからないときや、どうしてそのように理解したのかがわからないときは、それを確認するための質問を学習者の母語で行い、答えてもらう。

このように調査したデータとしては、「日本語非母語話者の聴解コーパス」がある。こうしたコーパスのデータを分析するだけでも、学習者にとって何が難しいのかが、ある程度は明らかになる。

このような調査の結果から学習者は何を聴解するときに何を理解するのが難しいのかが明らかになれば、教材作成では学習者にとって聴解で難しいことを中心に目標や説明、練習を考えればよいことになる。

　なお、学習者が日本語を聞く難しさの研究のほかに、学習者は聞いて理解できないときにどのような推測を行っているのかを明らかにする研究も教材作成に役に立つ。

　たとえば、学習者が相手の発言(42)を聞いて、「ヤギ」はわからないが、「5匹、6匹」から動物だろうと推測した例がある。

(42)　ヤギが今、5匹、6匹、いるんですよ。

　このように学習者が行っている適切な推測のしかたが明らかになれば、わからないときにどのように推測したらよいのかという聴解技術を明示した教材を作成できるようになる。

　どのような推測を行っているのかを明らかにする調査は、何を理解するのが難しいのかを明らかにする調査と同じ方法でよい。同じデータを使って、難しさも推測のしかたも明らかにできる。

7. 聴解教材の構成と内容を設計する研究

　2.から4.で述べた方針に従って個々の教材を作成するためには、「聴解教材の構成と内容を設計する研究」も必要である。

　この研究は、5.の「日本語で話される内容と表現の研究」や6.の「学習者が日本語を聞く難しさの研究」の結果から、どのような構成や内容を持った教材を作成すればよいのかを考える研究である。

　教材の構成というのは、たとえばカラオケ店の受付で質問されることを聞きとる教材では、多くの店で質問されることを項目に分けて、それらの項目を質問される順序に並べるということである。

　多くの店では最初に利用人数を質問され、次に会員かどうかを質問されるというような順序がわかれば、最初に利用人数についての

質問を聞きとるセクション、次に会員かどうかの質問を聞きとるセクションという構成にするということである。

　教材の内容というのは、たとえばカラオケ店で希望の機種についての質問を聞きとるセクションでは、「機種」という表現を覚えて、それを聞きとれるようにするということである。「機種」という音声さえ聞きとれれば、その前後がわからなくても、希望の機種を質問されていると理解できる。

　店によっては「機種」という表現を使わず、「ダムとジョイサウンド、どちらになさいますか」などと質問されることがある。そのような店が多くなければ、「ダム」や「ジョイサウンド」を覚えなくても、利用時間を質問された後というタイミングで、「ダムとジョイサウンド」のような聞き慣れない音声と「どちら」が聞こえたら、希望の機種を質問されていると理解すればよいことにする。

　そして、教材を作成した後には、学習者に作成した教材を試用してもらい、フィードバックを得るという研究も必要である。学習者から得たフィードバックを参考にして、教材の構成や内容を修正するためである。

　なお、5.から7.で示した研究に基づいて作成された教材として「日本語を聞きたい！」がある。「カラオケ店」「友だちとの雑談」「会社の会議」「著作権についての講義」といったウェブ教材が公開されている。

8. まとめと今後の課題

　ここまでに述べたことをまとめると、次のようになる。
　日本語コミュニケーションのための聴解教材作成の基本方針は、(43)から(45)のようなものである。

(43)　現実的な状況設定：「実際の状況から出発する」「実際に使われる語彙・文型を使う」「実際に聞くような音声を聞いてもらう」という方針で、状況設定を現実的なものにする。

(44) 明確な目標設定：「聴解だけを目標にする」「具体的な目標を示す」「すべてを理解することを目標にしない」という方針で、目標設定を明確なものにする。

(45) 聴解技術の明示：「具体的な聴解技術を示す」「背景知識だけの聴解技術も示す」「いろいろな言語で説明がある音声中心のウェブ教材にする」という方針で、聴解技術を明示する。

　また、このような方針に従って個々の教材を作成するために必要な研究は、(46)から(48)のようなものである。

(46) 日本語で話される内容と表現の研究：学習者が聞いて理解できないことを中心に、どのような状況でどんな内容がどんな表現で話されているのかを調査する。

(47) 学習者が日本語を聞く難しさの研究：学習者に自分が聞きたい日本語の音声を聞いてもらい、どう理解したのかを母語で話してもらう調査を行う。

(48) 聴解教材の構成と内容を設計する研究：(46)と(47)の調査結果をもとに、実際の聴解に役に立つ教材を作成する。また、作成した教材を試用してもらい、その結果をもとに改善する。

　今後の課題としては、(49)と(50)がある。

(49) 教材作成の推進：ここで示した方針による教材作成は「日本語を聞きたい！」で始まってはいるが、数が少ない。さまざまな教材作成を進める必要がある。

(50) 教材作成のための研究の推進：学習者が聴解をするときの難しさや、聞いてわからないときの推測についての研究を中心に、教材作成のための研究を進める必要がある。

　聴解教材の作成については宮城幸枝(2014)のほか、小林典子・フォード順子(1991)や水町伊佐男・多和田眞一郎・山中恵美(2003)、劉東(2010)のような研究があるが、読解教材の作成についての研

究に比べても少なく、参考にできるものが多くない。

　ここで示したような聴解教材の作成は、これまでの聴解教材とは大きく違うため、多くのことを新たに考えていかなければならない。しかし、実際の聴解活動に役に立つ教材を作ろうとすると、このような方向で教材作成を進めていく必要がある。

（野田尚史）

調査資料

『初級日本語聴解練習　毎日の聞きとり50日(上)』, 新装版, 宮城幸枝・三井昭子・牧野恵子・柴田正子・太田淑子, 凡人社, 2010

『日本語生中継―聞いて覚える話し方　中～上級編)』, 椙本総子・宮谷敦美, くろしお出版, 2004

「日本語非母語話者の聴解コーパス」, 野田尚史他, 国立国語研究所, 2020–［https://www2.ninjal.ac.jp/jsl-rikai/choukai/］

「日本語を聞きたい！」, 野田尚史他, 2017–［https://www.nihongo-tai.com/japanese/kiku/］

『ニュースの日本語　聴解50』, 瀬川由美・紙谷幸子・北村貞幸, スリーエーネットワーク, 2010

『みんなの日本語初級II　聴解タスク25』, 第2版, 牧野昭子・田中よね・北川逸子, スリーエーネットワーク, 2018

『やさしい日本語の聴解トレーニング』, インターカルト日本語学校, ナツメ社, 2011

『Live from Tokyo―生の日本語を聴き取ろう！』, 浅野陽子, ジャパンタイムズ, 2009

『留学生のためのアカデミック・ジャパニーズ　聴解　上級』, 東京外国語大学留学生日本語教育センター, スリーエーネットワーク, 2015

参考文献

国際交流基金(2008)『聞くことを教える』(国際交流基金日本語教授法シリーズ5)ひつじ書房

小林典子・フォード順子(1991)「基礎的聴解力の積み上げをねらった聴解教材の開発」『筑波大学留学生教育センター日本語教育論集』6: pp. 65–78.筑波大学留学生教育センター［http://hdl.handle.net/2241/14455］

関正昭・平高史也(2015)『教科書を作る』(日本語教育叢書「つくる」)スリーエーネットワーク

野田尚史・島津浩美(2019)「中国語漢字による日本語音声表記」『国立国語研究所論集』17: pp. 75–100. 国立国語研究所［http://doi.org/10.15084/00002225］

野田尚史・高澤美由紀(2020)「スペイン語アルファベットによる日本語音声表記」『国立国語研究所論集』19: pp. 139–166. 国立国語研究所［http://doi.org/10.15084/00002833］

野田尚史・中北美千子(2018)「英語アルファベットによる日本語音声表記」『国立国語研究所論集』15: pp. 135–162. 国立国語研究所［http://doi.org/10.15084/00001600］

野田尚史・宮崎聡子(2021)「韓国語ハングルによる日本語音声表記」『国立国語研究所論集』21: pp. 95–121.国立国語研究所［http://doi.org/10.15084/00003439］

水町伊佐男・多和田眞一郎・山中恵美(2003)「日本語CALL聴解練習用教材の開発」『広島大学日本語教育研究』13: pp. 15–21. 広島大学教育学部日本語教育学講座［http://doi.org/10.15027/17491］

宮城幸枝(2014)『聴解教材を作る』(日本語教育叢書「つくる」)スリーエーネットワーク

劉東(2010)「総合日本語力を高める「聴解教材」分析─初級レベルを中心に」『三重大学国際交流センター紀要』5: pp. 127–137. 三重大学国際交流センター［http://hdl.handle.net/10076/11130］

第 2 部

飲食店スタッフの発話
を聞く教材

飲食店スタッフが話す内容と表現

1. 飲食店スタッフが話す内容と表現の特徴

　日常生活でよく利用する飲食店には、コーヒーショップ、ファーストフード店といったセルフサービスの飲食店や、回転寿司や食べ放題等の半セルフサービスの飲食店、喫茶店やレストランなどさまざまな飲食店がある。これらの飲食店でスタッフはどのような発話をするのかを実際に飲食店に行って調査を行った。調査したのは、東京、横浜、京都、大阪、神戸などにあるコーヒーショップ、ファーストフード、回転寿司、食べ放題の飲食店、ファミリーレストラン、和食レストラン、洋食レストラン、喫茶店など計142店舗である。調査方法は、入店してから会計を済ませるまで飲食店スタッフに何を言われたかを記録するという方法をとった。調査結果によると、スタッフが話す内容と表現には(1)から(4)の特徴がある。

(1)　飲食店の種類によってスタッフが話す内容が異なる。
(2)　スタッフが話す内容は順序がほぼ決まっている。
(3)　客が注文する料理によってスタッフの質問内容が決まっている。
(4)　同じ意味を表す表現でもスタッフの表現にはバリエーションが複数ある。

　(1)については2.で、(2)については3.で、(3)については4.で、(4)については5.で詳しく述べる。

2. 飲食店の種類による違い

　飲食店スタッフが話す内容で最も大きな違いは、飲食店の種類による違いである。調査結果によると、飲食店スタッフに質問される内容は(5)から(8)のような違いによって異なっている。

(5)　　飲食店の業種
(6)　　セルフサービスかどうか
(7)　　利用方法
(8)　　時間帯

　(5)については2.1で、(6)については2.2で、(7)については2.3で、(8)については2.4で、詳しく説明する。

2.1 飲食店の業種による違い

　和食のレストランか洋食のレストランかによってスタッフに質問される内容が異なる。たとえば、和食レストランか洋食レストランかによって座席のスタイルが違い、和食レストランでは、畳の部屋とテーブル席の両方があることが多い。そのため、和食レストランに入店するとき、スタッフに(9)のように座席の希望を質問されることがある。

(9)　　お座敷とテーブル席とどちらがよろしいですか。

　和食レストランでは、「お座敷」にするかどうかを質問されるが、洋食レストランには畳の部屋がないため、(9)のような質問をされない。
　また、インド料理レストランか和食レストランかによって主食が選択できるかどうかが違い、インド料理レストランでは、ナンかご飯かを選べることが多い。そのため、インド料理レストランでカレーを注文したとき、スタッフに(10)のように主食の希望を質問さ

れることがある。

（10）　ナンとご飯、どちらになさいますか。

　インド料理レストランでは、ナンかご飯かを質問されるが、和食
レストランでは、通常ご飯を提供されることになっており、選択肢
がないため(10)のような質問をされない。
　このように、飲食店の業種によってスタッフに質問されるかどう
かが違う。

2.2 セルフサービスかどうかによる違い

　セルフサービスかどうかによってスタッフに質問される内容が異
なる。たとえば、先にレジやカウンターで注文し、自分で座席を確
保するセルフサービスの飲食店の場合、座席を自分で確保しなけれ
ばならない。そのため、特に混んでいるとき、注文する前にスタッ
フに(11)のように座席の確保について質問されることがある。

（11）　お席はおとりですか。

　セルフサービスの飲食店では、席を確保しているかどうかを質問
されることがあるが、スタッフが席に案内する飲食店では、(11)の
ような質問をされない。
　また、セルフサービスかどうかによって注文した料理の受けとり
方が違い、セルフサービスでは、自分で取りに行かなければならな
い。そのため、セルフサービスの飲食店で注文した後、スタッフに
(12)のように受けとりについて言われることがある。

（12）　こちらの番号をお呼びいたしますので、しばらくお待ちくだ
　　　　さい。

　セルフサービスの飲食店では、受けとりについて言われるが、セ

ルフサービスではない飲食店ではスタッフが持ってくるため、受け
とりについて言われない。

　このように、セルフサービスかどうかによってスタッフに言われ
るかどうかが違う。

2.3 利用方法による違い

　ビュッフェ形式や食べ放題の飲食店か、そうでない飲食店かによ
ってスタッフに質問される内容が異なる。たとえば、ビュッフェ形
式や食べ放題の飲食店には「独自の注文システム」があり、そのシ
ステムを詳しく説明するかどうかをスタッフは確認する必要がある。
そのため、飲食店に入店した直後や席についた直後に、スタッフに
(13)のように初めて利用するかどうかを質問されることがある。

(13)　当店のご利用は初めてでしょうか。

　ビュッフェ形式や食べ放題の飲食店では、初めて利用するかどう
かをスタッフに質問されるが、特に「独自の注文システム」がない
店では(13)のような質問をされない。

　また、食べ放題の飲食店には時間制限があるところが多く、時間
制限の30分前などにラストオーダーだと言われる。そのため、食
べ放題の飲食店では食事中にスタッフに(14)のように言われる。

(14)　ラストオーダーのお時間ですが。

　食べ放題の飲食店では、時間制限の30分前などにラストオーダ
ーであると言われるが、時間制限のない飲食店では(14)のように
時間について言われない。

　このように、ビュッフェ形式や食べ放題の飲食店などとそうでな
い飲食店の注文方法の違いによってスタッフに質問されるかどうか
が違う。

2.4 時間帯による違い

　同じ飲食店でも、時間帯によってスタッフに質問される内容が異なる。洋食レストランでは、昼間、食事の利用ではなく喫茶のみの利用もできることがある。そのため、ランチタイムの時間より少し遅く入店するとき、スタッフに(15)のように質問されることがある。

(15)　お食事ですか。喫茶のご利用ですか。

　昼間に喫茶のみの利用ができる洋食レストランでは、食事をするかどうかを質問されるが、同じレストランでも夜には、質問されない。
　また、同じレストランでも時間帯によってメニューが限られる飲食店がある。朝の早い時間帯やランチタイムの時間帯では、メニューが限られることも多い。そのため、その中から選ぶようにスタッフに(16)のように言われることがある。

(16)　ただいまのお時間、こちらのメニューだけになります。

　時間帯によって、メニューが限られる飲食店ではその中から選ぶように言われるが、時間帯によってメニューが変わらない飲食店では、(16)のように言われない。
　このように、時間帯によってスタッフに言われるかどうかが違う。

3. 飲食店スタッフが話す内容とその順序

　2.で飲食店の種類によるスタッフの発話の違いを述べたが、同じ種類の飲食店では、スタッフがどのような順で質問するかがほぼ決まっている。その例を3例示す。
　1つ目の例は、カフェやファーストフード店のような店内利用も持ち帰りも可能なセルフサービスの飲食店の場合である。スタッフ

は、店内利用の場合はトレイを準備し、持ち帰りの場合は持ち帰り用の袋を準備しなければならない。また、店内を利用するかどうかによって税率が異なる。そのため、スタッフは最初に店内を利用するかどうかを質問する。それから何を注文するかを質問することが多い。そして、注文内容について詳しく確認した後、金額を提示し、どこで受けとるかについて説明する。したがって、図1のような順に言われる。

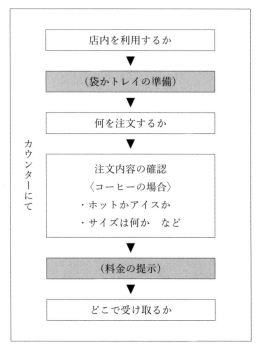

図1：セルフサービスの飲食店

　2つ目の例は、スタッフが案内する飲食店の場合である。スタッフは人数によってどの席に案内するかを判断する。そのため、スタッフは最初に入口付近で人数は何人かを質問し、その次に座敷かテーブル席かといった席の希望について質問する。そして、席に案内した後、何を注文するかを質問する。したがって、図2のような順に言われる。

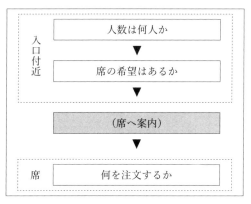

図2：スタッフが案内する飲食店

3つ目の例は、ビュッフェ形式や食べ放題の飲食店の場合である。スタッフが案内する飲食店なので、入口付近で最初に人数は何人かを質問する。そして席へ案内する。ビュッフェ形式や食べ放題の飲食店では注文に独自のシステムがあり、初めて利用する人にはスタッフがそのシステムを詳しく説明しなければならない。そのため、スタッフはその店の利用が初めてかどうかを質問し、その後でシステム利用上の注意をする。利用上の注意というのは、時間制限や食べ残しについてなど、その店のルールについての説明である。したがって、図3のような順に言われる。

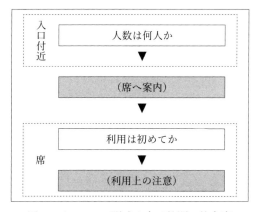

図3：ビュッフェ形式や食べ放題の飲食店

このように、飲食店の種類によって言われることは異なるが、飲食店の種類を特定すれば、スタッフが話す内容とその順序は基本的に変わらない。

4. 注文する料理による飲食店スタッフの質問内容

　飲食店スタッフが話す内容はさまざまであるが、飲食店スタッフの質問内容は、客の注文する料理によって決まっている。何を注文すればスタッフにどんな質問をされるかという例を5例示す。

　1つ目の例は、紅茶を注文するときの例である。日本では紅茶はレモンかミルクを入れて飲むことが多いため、紅茶を注文すると(17)のようにレモンかミルクのどちらを入れるかを質問される。

(17)　レモンとミルクがありますが……。

　2つ目の例は、飲食店で食事といっしょにコーヒーなどの飲み物を注文するときの例である。日本では食後の飲み物も最初に注文することが多いので、食事といっしょにコーヒーを注文すると、スタッフに(18)のようにいつ持ってくればいいかを質問される。

(18)　お飲み物は、お食事といっしょでよろしいですか。

　3つ目の例は、和食レストランで日本酒を注文するときの例である。日本では日本酒を温めて飲む場合と常温で飲む場合と冷やして飲む場合があるので、日本酒を注文すると、スタッフに(19)のように飲み方を質問される。

(19)　飲み方はどうなさいますか。

　4つ目の例は、洋食レストランでサラダを注文するときの例である。サラダのドレッシングは選べることも多いので、サラダを注文

すると、スタッフに(20)のようにドレッシングについて質問される。

(20)　サラダのドレッシングですが、フレンチ、イタリアン、和風
　　　とございますが、どれがよろしいですか。

　5つ目の例は、洋食レストランでステーキを注文するときの例で
ある。ステーキを注文すると、スタッフに(21)のように焼き加減
について質問される。

(21)　焼き加減はいかがいたしましょう。

　このように、飲食店スタッフが話す内容はさまざまであるが、注
文する料理によって質問することが決まっている。

5. 飲食店スタッフの表現のバリエーション

　飲食店スタッフが話す表現は、多様なバリエーションがあり、同
じ意味を表すことばであっても、(22)から(24)のような違いによっ
て異なることがある。

(22)　飲食店の種類
(23)　注文する料理の種類
(24)　個々の店舗やスタッフ

　(22)から(24)の場合にスタッフの話す表現にどのようなバリエ
ーションがあるのかについて、(22)については5.1で、(23)につい
ては5.2で、(24)については5.3で、詳しく説明する。

5.1 飲食店の種類による表現のバリエーション

　飲食店の種類によってスタッフの使う表現が違う例を2例示す。

1つ目の例は、「ご飯」という意味を表すことばの違いである。洋食レストランでは(25)のように「ライス」という表現が使われることがあるが、和食レストランでは使われない。

(25)　ライスは大盛りになさいますか。

　一方、会席料理のように料理が順番に出てくる和食レストランでは、(26)のように「お食事」という表現が使われるが、洋食レストランでは使われない。

(26)　お食事のご用意をしてもよろしいですか。

　2つ目の例は、「飲み物」という意味を表すことばの違いである。洋食レストランでは(27)のように「ドリンク」という表現が使われることがあるが、和食レストランでは使われない。

(27)　ドリンクのご注文、よろしいですか。

　このように、スタッフが使う表現は、同じ意味を表すことばでも飲食店の種類によって異なることがある。

5.2 注文する料理による表現のバリエーション

　注文する料理の種類によってスタッフの使う表現が違う例を示す。
　これは、「温かい」「冷たい」という意味を表すことばの違いである。そばやスープを注文したときは、(28)や(29)のように「温かい」「冷たい」という表現が使われる。

(28)　おろしそばですが、温かいのと冷たいのがありますが。
(29)　コンソメスープは温かいスープと冷たいスープがご用意できますが。

それに対し、コーヒーを注文したときは、(30)のように「ホット」「アイス」という表現が使われる。

（30）　コーヒーはホットでよろしかったでしょうか。

　このように、スタッフが使う表現は、同じ意味を表すことばでも、客が注文する料理によって異なることがある。

5.3 個々の店舗やスタッフによる表現のバリエーション

　同じ意味を表すことばでも、飲食店の種類や料理の種類による違い以外に、ハンバーガーショップ、和食レストランといった同じ種類の飲食店であっても個々の店舗やスタッフによって使う表現が違う例を示す。それぞれの店舗でより多く使われる表現もあるが、全体として、同じような頻度で使われるために、表現にバリエーションがある例を2例示す。

　1つ目の例は、人数を確認するときの表現である。同じ「2人」を確認するのに(31)a.、b.のように「おふたり様」を使うときと、「2名様」と使うときがある。

（31）　a. おふたり様ですか。
　　　　b. 2名様ですか。

　2つ目の例は、コーヒーショップやファーストフード店などで、飲み物のサイズを確認するときの表現である。同じ「サイズ」を確認するのに(32)のように「サイズ」を使うときと「大きさ」を使うときがある。

（32）　サイズは？
　　　　大きさは？

このように、同じ意味を表すことばでも、スタッフの使う表現が、個々の店舗やスタッフによって異なることがある。

6. まとめ

　日常生活でよく利用するコーヒーショップ、ファーストフード店、レストランなどの飲食店でスタッフが話す内容と表現を調査した。結果をまとめると、(33)から(36)のような特徴がある。

(33)　「テーブル席かお座敷か」のように、飲食店の種類によって質問されるかどうかが違う。

(34)　「入店すると最初に人数を質問され、次に席について質問される」というように、飲食店の種類によってスタッフに質問される内容とその順序は決まっている。

(35)　「紅茶を注文すると、レモンかミルクかを質問される」というように、客の注文する料理によってスタッフに質問されることが決まっている。

(36)　同じ「温かい」を表す場合でも、そばのときは「温かい」、コーヒーのときは「ホット」のように、注文する料理や飲食店の種類によって表現にバリエーションがある。

　飲食店スタッフの話す内容と表現には、飲食店の種類によってさまざまな違いがある。しかし、飲食店の種類を特定してみると、その飲食店では、どんな質問をどんな順で質問されるかが決まっている。さらに、注文する料理によって、スタッフに何を質問されるかが決まっていることも多い。また、同じ意味を表すことばでも、スタッフが使う表現が、飲食店の種類や料理によって異なっていたり、スタッフの発話スタイルによっても異なっていて、バリエーションがある場合もある。

（島津浩美）

学習者が
飲食店スタッフの発話を聞く難しさ

1. 飲食店スタッフの発話を聞く難しさの概要

　コーヒーショップ、ファーストフード店、喫茶店、レストラン、カラオケ店などの飲食店でのスタッフとのやりとりは、対面における短い会話であり、スタッフの応対がマニュアル化されていることが多い。そのため、日本語に不慣れな初級日本語学習者でも、スタッフに言われることを聞きとるのは難しくない場面であるように思われる。しかし、日本語学習者の飲食店における聞きとりについて調査した野田尚史（2018）では、実際のスタッフの発話例をあげながら、初級学習者だけではなく上級学習者でも日本の飲食店でスタッフに言われることを聞きとれないことがあることを示している。つまり、実際には、飲食店においてスタッフの発話を聞きとることは、日本語学習者にとって難しいことがあるということである。

　そこで、学習者にとって、飲食店でスタッフに言われることのうち、どのようなことを聞きとるのが難しいのかを調査し、フォローアップ・インタビューから、適切に理解できない要因を探った。飲食店スタッフの発話を聞く難しさの要因は、(1)から(5)のような日本の飲食店に関する背景知識を持っていないことであった。

(1)　　日本の飲食店のシステムが自国と違う
(2)　　日本の飲食店で質問されるかどうかが自国と違う
(3)　　日本の飲食店で質問されるタイミングが自国と違う
(4)　　飲食店の種類によって質問されることが違う
(5)　　飲食店の種類によってことばの意味が違う

（1）については3.で、（2）については4.で、（3）については5.で、（4）については6.で、（5）については7.で詳しく述べる。

2. 調査概要

2.1 調査場面と調査対象者

　調査場面は、日本に滞在している学習者が利用する可能性の高いコーヒーショップ、ファーストフード店、喫茶店、レストラン、カラオケ店の5場面とした。調査に協力してもらったのは、（6）のa.かb.の条件を満たす日本語学習者88名である。

（6）　a. 日本での滞在期間が半年以内である。
　　　 b. 日本での滞在期間が半年以上でも、日本で飲食店に行った
　　　　 経験が少ない。

　88名の学習者の日本語レベルは、（7）のとおりである。

（7）　初級：38名
　　　 中級：34名
　　　 上級：16名

　88名の学習者の母語は(8)のとおりである。

（8）　ベトナム語14名、中国語9名、インドネシア語9名、ポルトガル語8名、スペイン語7名、韓国語6名、タイ語5名、英語6名、ロシア語4名、アラビア語2名、ブルガリア語2名、ルーマニア語2名、ドイツ語2名、フランス語2名、タガログ語1名、クメール語1名、ミナン語1名、ビルマ語1名、ネパール語1名、モンゴル語1名、チェコ語1名、ハンガリー語1名、ポーランド語1名、イタリア語1名

2.2 調査方法

　調査は、コーヒーショップ、ファーストフード店、喫茶店、レストラン、カラオケ店を対象とし、(9)から(11)の手順で行った。

(9)　学習者にいずれかの飲食店に行って飲食物を注文してもらう。調査者は同行し、学習者が店のスタッフに何と言われ、それにどう対応するかを観察する。

(10)　注文が終わり飲食物を受け取るなどした後に、店のスタッフに言われたことを学習者がどう理解したかを、日本語か学習者の母語か母語に準じる言語で語ってもらう。

(11)　学習者に語ってもらった内容だけでは、どう理解したかがよくわからない点について、それを確認するために質問を行う。また、観察時に学習者が理解していないと思われた点についてもどのように理解したかを質問し、語ってもらう。

　(11)では、学習者がスタッフの発話や質問に対して、無反応だった箇所や、反応しているがスタッフの発話や質問にそぐわないことを言っていた箇所についても、どのように聞こえたか、なぜうまく聞きとれなかったと思うかを質問した。スタッフの質問に対し、「はい」と返事をするなど、一見聞きとれているように見受けられた箇所に関しても、実際には聞きとれていない可能性や、意味を誤って認識している可能性があるため、「何と聞こえたか、ことばの意味は何だと思うか、スタッフの発話の意図は何だと思うか、なぜそう思ったか」などの質問をし、学習者が飲食店スタッフの発話を聞く難しさの要因を探った。

3. 飲食店のシステムが違うことによる難しさ

　飲食店において、スタッフに言われたことに対し、学習者が適切に聞きとれなかった要因の1つは、日本の飲食店のシステムや利用

方法が自国とは異なるという背景知識がないことである。自国と異なる日本のシステムや利用方法についての背景知識がなければ、日本語能力にかかわらず、理解できない学習者がいる。

　調査結果から、システムの違いにより聞きとれなかった例を3例示す。

　1つ目はレストランの例である。日本のレストランでは洋食のセットメニューを注文したとき、パンかライスかを選択できる場合がある。そのため、(12)のようにパンかライスかを質問されることがある。しかし、中国の中国語話者(初級)、ベトナムのベトナム語話者(初級)の学習者は、自国にないシステムであったため、(12)のような質問を適切に理解することができなかった。

(12)　パンとライスが選べますけど、どうなさいますか。

　これらの学習者の国ではセットメニューを注文したときに、パンかライスかを選択することはないので、そのような質問をされるとは予想していなかった。

　2つ目はコーヒーショップの例である。日本のコーヒーショップチェーン店の中には温かい飲み物を入れる容器として紙コップとマグカップを用意しているところがある。温かい飲み物を注文すると、(13)のようにマグカップにするかどうかを質問されることがある。しかし、エルサルバドルのスペイン語話者(中級)とアメリカの英語話者(中級)の学習者は、自国にはないシステムであったために、(13)のような質問を適切に理解することができなかった。

(13)　マグカップでお入れしてもよろしいですか。

　これらの学習者の国では温かい飲み物は紙で提供され、マグカップで提供されることはないので、そのような質問をされると予想していなかった。他に、ルーマニアやロシア、ドイツでも、マグカップで提供されることはないので、(13)のような質問はされないということである。

3つ目はファーストフード店の例である。日本のファーストフード店では、注文した商品が提供されるまでに時間がかかるとき、カウンター付近で待たされる場合や、テーブル席に座って待たされる場合がある。さらに、テーブル席に座って待っているとスタッフが商品を持って来てくれる場合もある。そのため、(14)のようにどこで待つかをスタッフに指示されることがある。しかし、ブラジルのポルトガル語話者(初級、上級)の学習者は、自国にはないシステムであったために、(14)のスタッフの発話を適切に理解することができなかった。

(14)　残りの商品、お席までお持ちします。お待ちください。

　同じように、注文した商品が提供されるのを待つ場面で、商品と引き換える番号札を渡されながら、(15)のように言われる場合もある。しかし、ブルガリアのブルガリア語話者(中級)の学習者は、自国にはないシステムであったために、(15)のスタッフの発話を聞いたとき適切に理解することができず、どのように待てばよいかわからなかった。

(15)　18番の番号札で。

　これらの学習者の国では商品を待つときに番号札を渡されることはなく、カウンター付近で待つことになっている。そのため、(14)や(15)のようなことを言われるとは予測していなかった。
　このように、日本の飲食店のシステムは学習者の国のシステムと異なることがある。日本の飲食店のシステムに関する背景知識を持っていないことが、聞きとりを難しくする。

4. 質問されるかどうかが違うことによる難しさ

　学習者が適切に聞きとれなかった要因の2つ目は、スタッフに質

問されるかどうかが自国と異なるという背景知識がないことである。飲食店のシステムが自国とほぼ同じであっても、それについてスタッフに「質問される」という背景知識がなければ、日本語能力にかかわらず、理解できない学習者がいる。

　調査結果から、質問されるかどうかの違いにより聞きとれなかった例を3例示す。

　1つ目はコーヒーショップの例である。日本のコーヒーショップにはホットコーヒーとアイスコーヒーがあり、コーヒーを注文すると、(16)のようにホットかアイスのどちらにするかを質問されることがある。しかし、ブラジルのポルトガル語話者(初級)、ハンガリーのハンガリー語話者(上級)、ベトナムのベトナム語話者(上級)の学習者は、自国ではされない(16)のような質問を適切に理解することができなかった。

(16)　ホットとアイス、どちらにしましょう。

　これらの学習者の国では、通常「コーヒー」と言えば、「ホットコーヒー」のことを指すため、そのような質問をされるとは予想していなかった。これらの学習者の国では、「コーヒー」と注文すると、スタッフに何も質問されることなく、「ホットコーヒー」が提供されるという。そして、「アイスコーヒー」が欲しい場合には、客が「アイスコーヒー」と注文するということである。

　2つ目は喫茶店の例である。日本の喫茶店では、「紅茶」を注文すると、ストレートティーかミルクティーかレモンティーを選ぶことができる店が多い。そして、(17)のように、どれにするかを質問されることがある。しかし、タイのタイ語話者(中級)、韓国の韓国語話者(上級)の学習者は、(17)のような質問を適切に理解することができなかった。

(17)　ミルク、レモン、ストレート、ございますが、どちらになさいますか。

韓国では「紅茶」というと「ストレートティー」のことを指す。一方、タイでは「紅茶」というと「ミルクティー」のことを指す。そのため、これらの学習者は、「紅茶」を注文した時に、(17)のような質問をされるとは予測していなかった。たとえば、韓国で「ミルクティー」や「レモンティー」を飲みたい場合は、客から申し出るという。

　3つ目はレストランの例である。日本のレストランでは、料理といっしょに飲み物を注文した場合、飲み物を料理といっしょに持ってきてもらうか、食後に持ってきてもらうかを選ぶことができる店が多い。そして、(18)のように飲み物を持ってくるタイミングを確認されることがある。しかし、ベトナムのベトナム語話者(初級)、中国の中国語話者(中級)の学習者は、(18)のような質問を適切に理解することができなかった。

(18)　お飲み物はいつお持ちしましょうか?

　これらの学習者の国では、飲み物を注文したら、料理といっしょに持ってくるので、飲み物を持ってくるタイミングについて質問されるとは予想していなかったからである。飲み物を食後に飲みたい場合は、客が後で注文するということである。

　このように、日本の飲食店と学習者の国の飲食店でシステムが同じであっても、スタッフが質問するかどうかが異なることがある。日本の飲食店のスタッフがどのような質問をするかという背景知識を持っていないことが、聞きとりを難しくする。

5. 質問されるタイミングが違うことによる難しさ

　学習者が適切に聞きとれなかった要因の3つ目は、質問されるタイミングが異なるという背景知識がないことである。飲食店のシステムも、スタッフに質問されることも自国の飲食店と同じであっても、質問されるタイミングに関する背景知識がなければ、日本語能

力にかかわらず、理解できない学習者がいる。

　調査結果から、質問されるタイミングの違いにより聞きとれなかった例を3例示す。

　1つ目はコーヒーショップの例である。日本のコーヒーショップでは、(19)のように注文する前に店内での飲食か持ち帰りかを質問されることがある。しかし、ロシアのロシア語話者(初級)、中国の中国語話者(中級)、アメリカの英語話者(中級)、韓国の韓国語話者(上級)、ハンガリーのハンガリー語話者(上級)の学習者は、自国とは質問されるタイミングが異なるため、(19)のような質問を適切に理解することができなかった。

(19)　店内でお召し上がりでしょうか。

　これらの学習者の国では、店内での飲食か持ち帰りかの質問は「注文前」ではなく「注文後」にされるので、注文前のタイミングでそのような質問をされるとは予想していなかった。

　2つ目はレストランの例である。日本のレストランでは、ビュッフェレストランやセルフサービス、先払い制のレストランなどさまざまな注文方法や利用方法がある。このような店では、注文方法や利用方法の説明を詳しくする必要があるかどうかを確認するため、店に入ったときや席についたときに、(20)のようにその店を利用したことがあるかどうかを質問されることがある。しかし、中国の中国語話者(中級)の学習者は、質問されるタイミングが自国と異なっていたために、(20)の質問を適切に理解することができなかった。

(20)　当店、ご来店のほうございましたでしょうか。

　この学習者の国では、この店に来たことがあるかどうかは会計のときに質問されることはあっても、最初に質問されることはないという。そのため、レストランに入ってすぐにそのような質問をされるとは予想していなかった。この学習者の国で会計のときにこの店に来たことがあるかどうかを質問されるのは、会員割引をするかど

うかといったことを確認するためであるということである。つまり、同じ質問であっても、質問されるタイミングが異なることや、さらには、その意図が異なることがあるということである。

　3つ目もレストランの例である。日本のレストランでは、デザートを注文するときに(21)のように、デザートをいつ提供するかを質問されることがある。しかし、ベルギーのドイツ語話者(中級)の学習者は、質問されるタイミングが自国と異なっていたために、(21)の質問を適切に理解することができなかった。

(21)　デザートはお食事のあとでよろしいでしょうか。

　この学習者の国では、デザートのことは食事の前ではなく食事の後に質問されるので、注文時にそのような質問をされるとは予想していなかった。
　このように、日本の飲食店と学習者の国の飲食店で、システムもスタッフに質問されることも同じであっても、質問されるタイミングが異なることがある。日本の飲食店のスタッフがどのようなタイミングで質問するかという背景知識を持っていないことが、聞きとりを難しくする。

6. 店の種類によって質問が違うことによる難しさ

　学習者が適切に聞きとれなかった要因の4つ目は、どのような店でどのような質問をされるかという背景知識がないことである。
　自国とは違って、日本ではどのような店でどのような質問をされるかという背景知識がなければ、日本語能力にかかわらず、理解できない学習者がいる。
　調査結果から、店の種類によって質問が違うことにより聞きとれなかった例を2例示す。
　1つ目は喫茶店の例である。日本の喫茶店では満席の場合、ウェイティングリストに名前や人数などを書かせるところがある。特に

混んでいる場合は、店の入り口付近で(22)のように名前や人数などを紙に書くように言われることがある。しかし、タイのタイ語話者(中級)と韓国の韓国語話者(上級)の学習者は、自国では質問されない種類の店で質問されたために、(22)のような質問を適切に理解することができなかった。

(22)　満席ですので、お名前、人数、書いてお待ちください。

　これらの学習者の国では、ウェイティングリストは一般的な店にはないので、そのような質問をされるとは予想していなかった。これらの学習者の国では、高級レストランなどにはウェイティングリストがある場合があるということである。
　2つ目はファーストフード店の例である。日本のファーストフード店では店内での飲食か持ち帰りかを指定せずに注文すると、(21)のように店内での飲食か持ち帰りかを質問されることがある。しかし、ベトナムのベトナム語話者(初級)、中国の中国語話者(中級)、ブラジルのポルトガル語話者は(上級)の学習者らは、自国では質問されない種類の店で質問されたために、(23)のような質問を適切に理解することができなかった。

(23)　お持ち帰りですか。店内でお召し上がりですか。

　これらの学習者の国では、ファーストフード店を利用する場合は持ち帰りではなく、店内で飲食することが一般的であるので、そのような質問をされるとは予想していなかったからである。同じ国の学習者でもコーヒーショップの場合は質問されることがあるということである。
　このように、日本と学習者の国では、どのような飲食店でどのような質問をされるかが異なることがある。日本のどの種類の飲食店でどのような質問をされるかという背景知識を持っていないことが、聞きとりを難しくする。

7. 店によってことばの意味が違うことによる難しさ

　学習者が適切に聞きとれなかった要因の5つ目は、店の種類によってことばが意味することが違うことがあるという背景知識がないことである。日本での滞在経験が少しある学習者の場合、他の店での経験から推測して、理解しようとすることがある。しかし、店の種類によってことばの使われ方が違うという背景知識がなければ、日本語能力にかかわらず、理解できない学習者がいる。

　調査結果から、店によってことばの意味が違うことにより聞きとれなかった例を2例示す。

　1つ目はカラオケ店の例である。日本のカラオケ店では、受付時に、(24)のように飲み物を「ワンドリンク」にするか「ドリンクバー」にするかどうかを質問されることがある。「ワンドリンク」とは、飲み物を1杯以上注文しなければならないというシステムである。つまり、部屋の使用料に加え、飲み物代が追加されるということである。「ドリンクバー」とは、ジュースやコーヒーなどを自分で入れに行き、何度でも自由に飲むことができるというシステムである。

　しかし、インドネシアのミナン語話者(中級)とタイのタイ語話者(初級)、コロンビアのスペイン語話者(初級)、ブラジルのポルトガル語話者(中級)の学習者は、日本の他の店の経験で得た知識を活用したことで、(24)のような質問を、「ワンドリンクオーダー」、「ドリンクバー」ということばの意味を誤って推測し、適切に理解することができなかった。

(24)　ワンドリンクオーダー制、もしくはドリンクバーになるんですが。

　ある学習者は日本のクラブ(ディスコ)を利用した経験で得た知識を活用したために、適切に理解できなかった。クラブでは「ワンドリンク」というと、入場料に飲み物1杯分が含まれていることを意味する。そのため、カラオケ店で言われた「ワンドリンク」ということばも、料金に飲み物が1杯分含まれていると誤って理解してい

た。別の学習者は、「ドリンクバー」から「バー」を推測し、飲み物はすべてお酒だと誤って理解していた。

　2つ目もカラオケ店での例である。日本のカラオケ店では、会員登録をしなければ利用できない店や、会員登録をすると料金が割引になる店がある。そのため、受付時に(25)のように会員カードを持っているかどうかを質問されることがある。しかし、ブラジルのポルトガル語話者、インドネシアのミナン語話者は、日本の他の店の経験で得た知識を活用したことで、(25)のような質問を適切に理解することができなかった。

(25)　当店の会員カードなどはお持ちですか。

　これらの学習者は、日本の飲食店や生活雑貨店で、ポイントカードを持っているかを質問された経験があった。そのため、カラオケ店を利用した際に、「会員カード」の「カード」だけを聞きとり、「ポイントカード」について質問されていると誤って理解していた。ポイントカードは利用額に応じてポイントが貯まるものであり、持っていなくてもその店を利用することができる。しかし、カラオケ店での会員カードは、持っていなければ利用することができず、利用するなら申し込み用紙へ記入するよう言われる店がある。会員割引があっても受けることができなくなる。

　飲食店の種類によって、「ワンドリンク」「カード」などのように、ことばの意味することが異なることがある。利用したい店において、よく使われる特定のことばがどのような意味で使われるかという背景知識を持っていないことが、聞きとりを難しくする。

8. まとめ

　日本に滞在している学習者が利用する可能性の高いコーヒーショップ、ファーストフード店、喫茶店、レストラン、カラオケという5つの飲食店において、学習者が飲食店スタッフの発話を聞く難し

さを調査した。結果をまとめると、飲食店スタッフの発話の聞きとるのを難しくする要因は、(26)から(30)である。

(26)　日本ではレストランでセットメニューを注文するとパンかライスかを質問されるなど、飲食店のシステムが自国と違う。
(27)　日本ではコーヒーショップでコーヒーを注文するとホットかアイスかを質問されるなど、飲食店でスタッフに何を質問されるかが自国と違う。
(28)　日本ではコーヒーショップで注文する前に店内での飲食か持ち帰りかを質問されるなど、飲食店でスタッフに質問されるタイミングが自国と違う。
(29)　日本の喫茶店の入り口では、満席の場合にウェイティングリストに名前や人数などを書くように言われるなど、どのような飲食店でどのような質問をされるかが自国と違う。
(30)　同じ日本の飲食店でも、カラオケ店での「ワンドリンク制」とクラブでの「ワンドリンク制」の意味が違うなど、飲食店の種類によってことばの意味が違う。

　飲食店でのスタッフの発話の聞きとりにおいては、日本の飲食店に関する(26)から(30)のような「背景知識」がなければ、スタッフの発話を理解することが難しくなる。

（中尾有岐）

参考文献

野田尚史(2018)「学習者は現実の日本語をどのように聞きとっているか?―背景知識の不足による聴解の難しさを中心に」*BATJ Journal* 19: pp. 47–55. The British Association for Teaching Japanese as a Foreign Language.

飲食店スタッフの発話を聞く
教材の作成

1. 飲食店スタッフの発話を聞く教材の作成方針

　これまでの飲食店を場面にした聴解教材では、単語や重要表現を学んでから飲食店の場面の音声を聞き、スクリプトを読みながら内容を確認するというものが多かった。しかし、実際の場面では母語話者でも飲食店スタッフの発話を一言一句聞きとっているわけではない。それでもスタッフの発話を理解できるのは、和食レストランや居酒屋に行くと「テーブルか座敷かという質問をされることがある」といった背景知識を持っているからである。つまり、どんな飲食店に行けばどんな質問をどんなタイミングでされるかという背景知識を持っているということである。国際交流基金(2008)でも、学習者は聴解の過程で、聞いた内容を自分の背景知識や経験と照合すると述べている。しかし、学習者の背景知識が日本のものとは異なる場合には、かえって、聴解を難しくすることもある。そのため、教材では、その場面に必要な背景知識と、何を言われているかがわかる聞きとりのポイントを明示する必要がある。

　そこで、飲食店スタッフの発話を聞く教材は、(1)から(4)のような方針で作成する。

(1)　聞きとりのポイントとなる「音声」を抽出する。
(2)　同じレストランでも店の種類によってスタッフに言われることが違うため、飲食店の種類を分ける。
(3)　場面によってスタッフに言われることが違うため、実際に言われる順序通りに練習問題を作成する。
(4)　どんなタイミングでどのようなことを言われるかといった、

ある表現を聞きとるために必要な背景知識を明示する。

　(1)については2.で、(2)については3.で、(3)については4.で、(4)については5.で詳しく述べる。

2. 聞きとりのポイントとなる音声の切りとり方

　飲食店スタッフの発話を聞く教材は、「スタッフの発話を聞きとることができる」ことを目指していても、スタッフが話す文をすべて完璧に聞きとることを目指す必要はない。聞きとりのポイントとなる部分を聞いて、スタッフが何を言っているかが理解できるような教材を作成する。
　そのためには、スタッフが何を言っているのかが理解できる「音声」を抽出する必要がある。抽出する「音声」は、スタッフが使っている表現の中から、その部分さえ聞きとれば理解できるものを抽出する。ここでは、ファーストフードのスタッフの発話を聞く教材の場合を例にして、音の切り取り方の5つの方針について説明する。
　1つ目は、表現のバリエーションがいろいろあっても、ある部分さえ聞きとれれば理解できるといった共通の部分の意味のある単語のみを抽出することである。たとえば、ファーストフード店で商品を持ち帰るかどうかを質問されていることを理解するために聞きとる音声として、(5)の表現を抽出する。

(5)　お持ち帰り

　ファーストフード店でスタッフに商品を持ち帰るかどうかを質問されるとき、「お持ち帰りですか」、「お持ち帰りでしょうか」、「お持ち帰りになりますか」のようにいろいろな表現で質問される。しかし、スタッフの発話に表現のバリエーションがあっても、それらのすべてを示す必要はない。共通の部分である「お持ち帰り」を聞いて、商品を持ち帰るかどうかを質問されていることが理解できる必

要がある。このように、共通部分を抽出すれば、学習者の覚える負担も軽減できる。したがって、聞きとる音声として抽出する音声は「お持ち帰り」がよい。

　2つ目は、敬語でしか使われない表現は、敬語表現のまま抽出するということである。たとえば、ファーストフード店において店内で食べるかどうかを質問されていることを理解するために聞きとる音声として、(6)の表現を抽出する。

(6)　ご利用

　ファーストフード店でスタッフに店内で食べるかどうかを質問されるとき、「店内、ご利用ですか」のように敬語で質問される。「店内、利用しますか」のように敬語を使わない表現で質問されることはない。そのため、敬語表現を聞いて、店内で食べるかどうかを質問されているということを理解できる必要がある。したがって、店内で食べるかどうかを質問されていることを理解するために聞きとる音声として抽出する音声は「ご利用」がよい。

　3つ目は共通部分が短い音声の場合、短すぎないように考慮して抽出することである。たとえば、ファーストフード店で、注文前に席をとるように言われていることを理解するために聞きとる音声として(7)、(8)の表現を抽出する。

(7)　先に
(8)　お先に

　ファーストフード店で注文前に席をとるように言われるとき、スタッフに「お先にお席をおとりください。」や「先にお席をおとりいただいてもよろしいですか。」と言われることがある。このときの共通部分は「先にお席をおとり」である。しかし、この共通部分は少し長い。また、この表現は、店内で食べると答えた後すぐに言われる場合と、「お席はおとりですか。」と質問された後に、言われる場合がある。「お席はおとりですか。」の質問がわからずに、質問

に答えなかった場合には、スタッフが席に案内してくれるか、そのまま注文を聞いてくれるが、「先にお席をおとりください」と言われた場合は、注文をすることができない。そこで、共通部分すべてではなく、「お席」や「おとり」でもなく、「先に」を聞きとらなければならない音声として抽出する。このとき、「先に」だけ覚えれば、「お先に」も聞きとれるという考えになりそうだが、この2つは、「に」という助詞を除くと「先」という短い音声が共通している。しかし、「先」という2音の短い音声の語頭に「お」がついた「おさき」という音声を、「先」とは別の意味を持つ単語だと認識してしまう可能性がある。そのため、共通している「先」という部分だけの音を聞いて覚えても、「お先」という音を聞いたときに、同じ意味を表していると判断することは難しい。したがって、共通している部分の音声が「さき」のように2音でとても短ければ、聞きとる音声として抽出する音声は、「先に」、「お先に」の両方がよい。

　4つ目は、同じタイミングで質問される可能性のある単語で、対立した意味を持つペアは、どちらのことを言っているかが聞き分けられるように両方抽出するということである。たとえば、ファーストフード店で、コーヒーを注文したときに言われる可能性がある音声として(9)、(10)の表現を抽出する。

(9)　ホット

(10)　アイス

　ファーストフード店で、コーヒーを注文したとき、スタッフに「ホットでよろしいですか。」と質問されることがある。このとき聞きとらなければならない音声は「ホット」である。しかし、夏場など「アイスでよろしいですか。」と質問されることもよくある。「ホット」と「アイス」は対立した意味だが、同じタイミングで質問されることが多い。したがって、対立した意味を持つペアがあれば、聞きとる音声として抽出する音声は、「ホット」、「アイス」の両方がよい。

　5つ目は、その単語だけでは意味が理解できないが、ある状況に

おいて、その部分が聞きとれれば内容が理解できる場合は、その部分を抽出することである。たとえば、ファーストフード店のカウンターで注文した後に言われる可能性がある音声として(11)の表現を抽出する。

(11)　こちらで

　ファーストフード店のカウンターで注文した後、商品がすぐ出てこないとき、スタッフに「こちらでお待ちください。」と言われることがある。このときの「こちらで」は具体的な場所を示す表現ではないが、すべての注文が終わって商品を受けとる前という状況においてスタッフに「こちらで」と言われれば、今いる場所で待つという意味である。したがって、聞きとる音声として抽出する音声は「こちらで」がよい。
　このように、教材では、スタッフが何を言っているのかが理解できる聞きとりのポイントを抽出する必要がある。抽出する「音声」は、スタッフが使っている表現の中から、その部分さえ聞きとれば内容が理解できる短い音声を抽出する。

3. 飲食店の種類の細分化による音声の抽出

　飲食店を場面にしたこれまでの聴解教材では、和食レストランに限定していても、内容は飲食店で共通してスタッフに言われることを取りあげて教材化したものが多かった。しかし、レストランにもさまざまな種類があり、その種類によってスタッフに言われることが異なる。つまり、レストランの種類によって、学習者が覚えるべき音声が異なるということである。ここでは、レストランのスタッフの発話を聞く教材の場合を例にして、飲食店の種類を分けて音声の抽出をするという例を3つあげて説明する。
　1つ目は、和食レストランか洋食レストランかで分けるというものである。たとえば、和食レストランの入り口で言われる可能性が

ある音声として(12)の表現を抽出する。

(12)　お座敷

　和食レストランでは座敷の席が選べることが多いため、入り口でスタッフに「お座敷とテーブル席とどちらがよろしいですか。」と言われることがある。したがって、聞きとる音声として抽出する音声は「お座敷」である。しかし、洋食レストランには座敷がないため(7)のような表現を言われることがないので、覚える必要はない。
　また、和食レストランで言われる可能性のある音声として(13)の表現を抽出する。

(13)　ご飯

　和食レストランでは、ご飯の種類を選べることがあるため、「ご飯は白米と五穀米が選べますが、どちらになさいますか。」と質問されることがある。したがって聞きとる音声として抽出する音声は「ご飯」である。
　一方、洋食レストランで言われる可能性がある音声として(14)、(15)の表現を抽出する。

(14)　パン
(15)　ライス

　洋食レストランでセットメニューを頼むと「パンとライス、どちらがよろしいですか。」と質問されることがある。洋食レストランではパンかライスかを選べることも多い。また、(13)の「ご飯」という表現より「ライス」という表現をよく使うため、洋食レストランで聞きとる音声として抽出する音声は「パン」と「ライス」の両方である。しかし、和食レストランにはパンがないため(14)のような表現を言われることはないので、覚える必要はない。
　このように、和食レストランと洋食レストランでは、聞きとる音

声として抽出する音声が異なっている。したがって、和食レストランか洋食レストランかによってレストランの種類を分けて、音声を抽出すべきである。

　2つ目は、和食、洋食の違いだけでなく、飲食店に独自のシステムがあるかどうかによって分けるというものである。たとえば、ビュッフェ形式やセルフサービス、食べ放題の店で言われる可能性がある音声として(16)の表現を抽出する。

(16)　初めて

　ビュッフェ形式など独自のシステムがある店では、そのシステムを客に詳しく説明するかどうかをスタッフは確認する必要がある。そのため、入り口でスタッフに「当店のご利用は初めてですか」と質問されることがある。したがって、聞きとる音声として抽出する音声は「初めて」である。しかし、そういったシステムがない店では(16)のような表現を言われることがないので、覚える必要はない。

　このように、ビュッフェ形式など独自のシステムがある店とそうでない店とでは、聞きとる音声として抽出するかどうかが異なっている。したがって、独自のシステムがあるかどうかによってレストランの種類を分けて、音声を抽出すべきである。

　3つ目はファーストフードやコーヒーショップなど持ち帰ることも多い店とその場で食べる店を分けるというものである。たとえば、ファーストフードの店で言われる可能性がある音声として(17)の表現を抽出する。

(17)　お召し上がり

　ファーストフード店などでは、持ち帰ることも多いため、注文前にスタッフに「店内でお召し上がりですか」と言われることがある。したがって、聞きとる音声として抽出する音声は「お召し上がり」である。しかし、その場で食べるレストランなどでは言われることがないので、覚える必要はない。

このように、ファーストフード店など、持ち帰ることも多い店とそうでない店とでは、聞きとる音声として抽出する音声が異なっている。したがって、持ち帰りができるかどうかによってレストランの種類を分けて、音声を抽出すべきである。

以上のことから、レストランの種類によって言われることが違うため、レストランをひとまとめにして、そこで言われる音声を網羅することは難しい。したがって、学習者が行きたいところを選んで、それに特化した聞きとりの練習ができるようにレストランの種類を分けて教材を作成する必要がある。

4. スタッフに言われる順序による教材の提示

これまでの飲食店を場面にした聴解教材では、「レストランの入り口で」、「レストランのテーブルで」といった場面ごとにスクリプトがあって、それについて説明がされ、練習するものが多かった。しかし、場面ごとに練習した場合、実際に飲食店に行ったときに、そのタイミングで言われると思っていないために聞きとれないということがある。

そこで、飲食店スタッフの発話を聞く教材を作成する際には、スタッフに言われる順序で教材を提示するのがよい。そのためには、まず、実際の場面で、何をどの順序で言われるのかを言われる順序通りに整理する。その上で、整理した場面の中から、聞きとる必要のある場面を取り上げ、そのタイミングで聞きとる必要のある表現が聞きとれるようになる練習問題を作成するのがよい。

ここでは、コーヒーショップを例にして、飲食店のスタッフに何をどの順序で言われるのかを整理する。

コーヒーショップで、コーヒーを注文するためにカウンターに行ってからコーヒーを手に入れるまでの流れに沿って、スタッフに言われることとそのときに聞きとる音声を順序通りに並べると、表1のようになる。

表1：スタッフに言われることの順序と聞きとる音声

場面	スタッフに言われること	聞きとる音声
注文前	（a）店内で飲むかどうかを 　　質問される	ご利用、お召し上がり、 お持ち帰り
	（b）（店内で飲む場合)まず席を 　　確保するように言われる	先に、お先に
注文	（c）何を注文するかを質問される	ご注文
	（d）注文した飲み物のサイズに 　　ついて質問される	サイズ、大きさ
	（e）（注文した飲み物にホットと 　　アイスがある場合)どちらを 　　飲むかを質問される	ホット、アイス
支払い後	（f）どこで待って受けとるかを 　　言われる	あちら、カウンター、ランプ

　実際の場面では、注文の後、支払いについて言われるが、支払いについて言われるときは、表示された金額を見せながら、言われることが多く、聞きとりだけに頼る必要がないことが多い。そこで、教材として取り上げる場面は、注文前、注文しているとき、支払い後のそれぞれのタイミングで言われる(a)から(f)とする。

　教材では、それぞれの場面でスタッフに言われる順序に整理した(a)から(f)のそれぞれのタイミングで聞きとらなければならない短い音声を提示し、その意味を学習者の母語か母語に準じる言語で提示する。次に、同じタイミングで飲食店スタッフに言われる可能性のあるさまざまな音声を聞いて、何を質問しているのかを聞きとる練習をする。たとえば、表1の(a)の場面では、注文前にスタッフから「店内で飲むかどうか」を質問されるが、そのときに聞きとらなければならない音声は(18)のような音声である。」

(18)　「ご利用」、「お召し上がり」、「お持ち帰り」

　このうち、「ご利用」と「お召し上がり」は店内で飲む場合で、「お

持ち帰り」は持ち帰る場合であるが、どちらも店内を利用するかどうかについて質問している。そこで、「ご利用」と「お召し上がり」という音が聞こえたら、店内を利用するかを質問していて、「お持ち帰り」という音が聞こえたら、持ち帰るかを質問しているということを、学習者が理解できるように学習者の母語か母語に準じる言語で説明する。そして、音を繰り返し聞いて、これらのことばの音と意味を覚えてもらう。

　次に、実際にコーヒーショップでスタッフに言われる(19)や(20)のような表現を聞く練習問題を作成する。練習問題では、覚えた音声が入っているかどうかで、店内を利用することを質問されているかどうかを判断する。

(19)　店内ご利用ですか。
(20)　ご注文はお決まりですか。

　(19)は「ご利用」という音声が入っているので、店内を利用するかどうかを質問していると判断できる。一方、同じタイミングでスタッフに言われる(20)のような音声には、「ご利用」、「お召し上がり」、「お持ち帰り」のどの音声も入っていないため、店内を利用するかどうかについて質問していないと判断できる。

　また、たとえば、表1の(f)の場面では、支払い後にスタッフから「どこで待って受けとるか」について言われるが、そのときに聞きとらなければならない音声は(21)のような音声である。

(21)　「あちら」、「カウンター」、「ランプ」

　このうち「ランプ」はどこで待って受けとるかに直接関係ないように思えるが、店内の照明とは少し異なるランプが受けとりカウンターの近くにあって、カウンターの場所を表す目印として、言われることも多い。「あちら」、「カウンター」、「ランプ」という音が聞こえたら、受けとりカウンターで待つように言われていることを学習者が理解できるように学習者の母語や学習者の母語に準じる言語な

どで説明する。そして音を繰り返し聞いて、これらのことばの音と意味を覚えてもらう。

　次に、実際にコーヒーショップでスタッフに言われる(22)や(23)のような表現を聞く練習問題を作成する。練習問題では、覚えた音声が入っているかどうかで、受けとりカウンターで待つように言われているかどうかを判断する。

(22)　カウンターのところでお待ちください。
(23)　横にずれてお待ちください。

　(22)は「カウンター」という音声が入っているので、受けとりカウンターで待つように言われていると判断できる。一方、(23)の音声には、「あちら」、「カウンター」、「ランプ」のどの音声も入っていないため、受けとりカウンターで待つように言われていないと判断できる。

　このように、飲食店スタッフの発話を聞く教材では、実際の場面で飲食店スタッフに言われる順序通りに教材を並べる。次に、それぞれの場面で聞きとらなければならない短い音声を提示する。そして、実際に飲食店のスタッフに言われる可能性がある表現を聞く練習問題を作成する。学習者は提示された音声を聞いて音と意味を理解した後、飲食店スタッフに言われる可能性のある表現を聞いて、そのタイミングで何を質問しているのかを聞きとる練習をする。こういった練習をすれば、どのタイミングでどんなことが言われるかがわかるようになる。

5. 聞きとりに必要となる背景知識の提示

　これまでの飲食店を場面にした聴解教材でも、(24)のようにコラム的に文化事情の説明がされているものはあった。

(24)　決まった時間帯のサービス

飲食店では、決まった時間帯だけ、安いセットメニューを出すところも多い。

（『Live from Tokyo　生の日本語を聴き取ろう！』）

　しかし、ある場面でスタッフに何を言われているかを聞きとるために必要な背景知識が明示的に書かれているものはない。聞きとりやすくするためには、「勘のいい学習者ならいつの間にか気づく」というものではなく、この場面で聞きとるためにはこういった背景知識が必要だということを明示する必要がある。この背景知識は学習者が理解することを目的にしているため、日本語で示す必要はなく、学習者の母語や母語に準じる言語などで説明する。ここでは、洋食レストランでスタッフの発話を聞く教材を例にして、飲み物を注文する場合にどのような背景知識を明示するのかについて3つ例をあげて説明する。

　1つ目の例は、「注文したときにコーヒーや紅茶のようにホットとアイスがあるものは、どちらを飲むかを質問される」という場合である。聞きとらなければならない音声を提示する前に、(25)のように説明する。

(25)　日本では、ホットとアイスの両方がある飲み物を注文したとき、ホットかアイスかを質問されます。

　このような説明を加えることで、学習者はホットかアイスのどちらを飲むかを質問されるということを知ることができ、そのために「ホット」、「アイス」という表現を覚えなければならないということが理解できる。

　2つ目の例は、紅茶を注文してホットかアイスかを答えた後、さらに「レモンかミルクか」を質問される場合である。聞きとらなければならない音声を提示する前に、(26)のように説明する。

(26)　日本では、紅茶を注文したとき、レモンやミルクが必要かどうかを質問されます。また、レモンもミルクも入れない紅茶

はストレートと言います。ストレートでいいかどうかを質問
されることもあります。

　このような説明を加えることで、学習者は紅茶を注文するとレモ
ンやミルクが必要かを質問されるということを知ることができ、そ
の質問に答えるために「レモン」、「ミルク」、「ストレート」という
表現を覚えなければならないということが理解できる。
　3つ目の例は、料理といっしょに飲み物を注文した場合、「飲み物
をいつ持ってくるか」を質問される場合である。聞きとらなければ
ならない音声を提示する前に、(27)のように説明する。

(27)　日本では、料理といっしょに飲み物を注文したとき、飲み物
　　　をいつ持ってくればいいかを質問されます。

　このような説明を加えることで、学習者は料理といっしょに飲み
物を注文したとき、飲み物をいつ持ってくればいいか質問されると
いうことを知ることができ、その質問に答えるために「いつ」、「ごいっ
っしょ」という表現を覚えなければならないということが理解できる。
　(25)から(27)の例に示したように、まず、日本では質問される
ことがあることを明示し、それから、聞きとらなければならない音
声を提示して、その後、飲食店スタッフに言われる表現を聞いて、
何を言われているかを聞きとるという順序で教材を作成する。
　このように日本では飲食店でどんなタイミングで何を質問される
かという背景知識を提示することで、聞きとりやすくすることがで
きる。

6. まとめ

　これまで述べてきたように、飲食店スタッフの発話を聞く教材を
作成するには、(28)から(31)までの4つの方針で作成すればよい。

(28)　学習者が覚えやすいように、「お持ち帰りですか」ではなく、

「お持ち帰り」のように、その部分さえ聞きとれば何について言われているのかが理解できる最小限の音声を抽出して、教材に提示する。

(29) 「お座席」のように、和食レストランでは質問されるが、洋食レストランでは質問されないなど、同じレストランでも店の種類によってスタッフに言われることや表現が違う。そこで、学習者が行きたいところを選んで、それに特化した聞きとりの練習ができるように、飲食店の種類を細かく分けて教材を作成する。

(30) ファーストフード店での「こちらでお召し上がりですか」という質問が注文する前にされるように、スタッフに質問される順序が決まっている。そこで、学習者がスタッフに言われるタイミングがわかるように、スタッフに言われる順序で教材を並べて説明し、練習問題を作成する。

(31) 紅茶を注文すると、「レモンとミルク、どちらがよろしいですか」と質問されるように、日本と学習者の国とではシステムが違うことで、質問されるかどうかが異なる場合がある。そのため、日本ではどのようなことを言われるかという背景知識を持っておくことで聞きとりやすくなるため、教材に明示する。

　飲食店スタッフの発話を聞く教材においては、(28)から(31)のような方針で作成すれば、学習者が実際に飲食店に行ったときに、スタッフの発話を理解することができるようになる。

（島津浩美）

調査資料

『Live from Tokyo－生の日本語を聴き取ろう！』, 浅野陽子, ジャパンタイムズ, 2009

参考文献

国際交流基金(2008)『聞くことを教える』(日本語教授法シリーズ5)ひつじ書房

第 3 部

雑 談

を聞く教材

雑談で話される内容と表現

1. 雑談で話される内容と表現の概要

　雑談とは、はっきりとした目的やまとまりがないことを気楽に話すものである。私たちは日常生活のさまざまな状況や場面で目的もなく雑談を交えながら、人間関係を築いている。日本語学習者も日本で生活する中で雑談に参加することは少なくない。

　日本語教育の分野では、筒井佐代(2012)、西郷英樹・清水崇文(2018)のように雑談の構造や雑談の指導に関する研究は多いが、雑談を聞くための研究は少ない。雑談を聞くための研究というのは、雑談を聞いて理解する観点から雑談の内容と表現を十分に調べることである。

　そこで、日本語母語話者が日常的な雑談の中で具体的にどのような内容を話し、どのような表現を使っているかについて調査した。調査結果によると、雑談で話される内容と表現には、(1)から(3)のような、日本語学習者にとって特に理解しにくいと考えられることがある。

(1)　「ない」という表現が否定の意味を表さないことがある。
(2)　主語が明示されずに省略されることがある。
(3)　述語が明示されずに省略されることがある。

　(1)については2.で、(2)については3.で、(3)については4.で、詳しく述べることにする。

　使用したデータは、雑談を文字化した『名大会話コーパス』、『BTSJ　日本語自然会話コーパス』、『談話資料　日常生活のことば』

の3つのコーパスである。

2. 否定の意味を表さない「ない」

　雑談では、同じ表現に聞こえても、異なる意味を表すことがある。たとえば、「ない」という表現は、否定の意味で使われることが多いが、(4)から(6)のように否定以外の意味を表すこともある。

(4)　「ない」という表現で質問や同意要求の意味を表す
(5)　「ない」と逆接の接続表現を用いて例えや婉曲的な意図を表す
(6)　「わけ」と「ない」を用いて簡単だということや肯定を表す

　(4)については2.1で、(5)については2.2で、(6)については2.3で詳しく述べる。

2.1 質問や同意要求の意味を表す「じゃない」と「くない」

　「ない」という表現が含まれていても、イントネーションの違いによって、「じゃない」が否定ではなく質問の意味を、「くない」が否定ではなく同意要求の意味を表すことがある。
　初めに、質問の意味を表す「じゃない」という表現について説明する。「じゃない」は、(7)のように話し手が相手に確認したいことがあるときに、質問の意味で使われることがある。(7)は、タクシーで帰ると言った人に対して「(タクシーで帰ると料金が)結構かかるんじゃない?」と質問している。

(7)　タクシーで帰ったら、結構かかるん<u>じゃない</u>?　十八条からだったら。　　　　　　　　　　　　　　　　　(名大会話コーパス)

　(7)の「じゃない」は、否定を表す「じゃない」とはイントネー

ションが異なる。図1のような「じゃない」の「な」から「い」に
音が下がってからすぐに上がるイントネーションで話されると、質
問の意味を表す。

図1：質問を表している「じゃない」の音声

　次に、同意要求の意味を表す「くない」という表現について説明
する。「くない」は、(8)のように話し手が自分の思っていることを
相手に同意してほしいときに、同意要求の意味で使われることがあ
る。(8)は、話し手が、留学候補者を選ぶ面接で面接官の先生が初
めから決まっていることは「仕方がない」と思っていることについ
て、聞き手に「仕方なくない?」と同意を求めている。

(8)　　＜そうだよね＞{＞}、うん、でも、仕方なくない?、(うん)
　　　　面接官がもう決まってるんだから(うん)その人ーが決める
　　　　んだから。　　　　　　　　　　(BTSJ　日本語自然会話コーパス)

　(8)の「くない」は、否定を表す「くない」とはイントネーショ
ンが異なる。図2のような「くない」の「な」から「い」にかけて
音が下がらないイントネーションで話されると、同意要求の意味を
表す。

図2：同意要求を表している「くない」の音声

　このように、「じゃない」や「くない」という表現は、イントネー

ションの違いによって、否定ではなく、質問や同意要求の意味を表すことがある。

2.2 例えや婉曲的な意図を表す「じゃないけど」

　「ない」という表現が含まれていても、「けど」や「ですが」のような逆接の表現といっしょに使われるとき、「じゃない」が例えの意味や婉曲的な意図を表すことがある。

　初めに、例えの意味を表す「じゃないけど」という表現について説明する。「じゃないけど」は、(9)のように話を具体的にイメージしやすくするための例えの意味を表す表現として使われることがある。(9)の発話の前には、コンピュータの授業で1分間に文字を何文字打てるかというテストの話題があり、話し手は、そのテストの練習について、紙に書いたピアノで練習することを例えに話をしている。

(9)　そうそうそう。もうそんなの評価するのひどーいと思ってさ。でも、こ、こ、なんか、こう、ピアノのけん盤<u>じゃないけど</u>、書いてこうやってやるわけにいかないし。

(名大会話コーパス)

　(9)の「じゃないけど」は、「ピアノのけん盤じゃない」という否定の意味ではなく、紙に書いたピアノのけん盤で練習するように、紙に書いたキーボードで早打ちの練習をするわけにはいかないという説明を話している。

　次に、婉曲的な意図を表す「じゃないけど」という表現について説明する。「じゃないけど」は、(10)のように本当に言いたいことを婉曲的に話すときに使われることがある。(10)は、「笑いを誘うつもりだ」という意図を、話し手が「笑いを誘うじゃないけど」と婉曲的に話している。

(10)　もうなんか、どこ住んでんの？とか言われて、藤沢とか言う

とみんなよくわかんないんで、もうなんか、じゃーあ、もういっそ笑いを誘う<u>じゃないけど</u>、湘南?とか言って、ま、ね、とか言って、＜笑い＞海の近くから、とかって格好つけてみたりしてもなんか笑われるだけ。　　　（名大会話コーパス）

　(10)は、「笑いを誘わない」という否定の意味ではなく、「いっそのこと笑いを誘うつもりで」という意味で、婉曲的な意図を表している。
　このように、「じゃないけど」という表現は、逆接の表現といっしょに使われて、例えや婉曲的な意図の意味を表すことがある。

2.3 簡単であることや肯定の意味を表す「わけ」＋「ない」

　「ない」という表現が含まれていても、「わけ」という表現といっしょに使われるとき、「わけない」が簡単であることを表し、「ないわけじゃない」が肯定の意味を表す。
　初めに、簡単であることを表す「わけない」という表現について説明する。「わけない」は、(11)のように「簡単だ」という意味で使われることがある。(11)は、帰宅途中で少しも歩きたくないA30m（夫）が「あの焼き肉のとこまでしか（バスが）来ないんだよ。」と自宅の最寄りのバス停のある焼き肉屋からも歩きたくないことを話したときに、B30f（妻）が「そっから（焼き肉屋から）だとわけないじゃん」と続けて、簡単に歩いて行ける距離であると話している。

(11)　A30m：　→いやあ←、だって、そこの、あの焼き肉［店名1］
　　　　　　　のとこ(＝所)までしか来ないんだよ。
　　　B30f：　うーん、そっから(＝そこから)だと<u>わけないじゃん</u>?。
　　　　　　　　　　　　　　　　（談話資料　日常生活のことば）

　次に、肯定の意味を表す「ないわけじゃない」という二重否定の表現について説明する。「ないわけじゃない」は、(12)のように、「少ないかもしれないがそうである」という肯定の意味を表すとき

に使われることがある。(12)は、「日本でもいないわけじゃない」という表現を使って、「(仲良さそうなご夫婦が)日本にもいる」という肯定の意味が表されている。

(12)　ふーん。そういうのはいいよね。(うん)でも、ほんとに仲良さそうなご夫婦とかっているよね。(そう)日本でもいないわけじゃないけど。　　　　　　　　　　　　　（名大会話コーパス）

　この他にも「ないことはない」や「ないとは限らない」といった二重否定の表現があり、これらも肯定の意味を表す。
　このように、「わけない」は簡単であるという意味を表し、「ないわけじゃない」という二重否定は肯定の意味を表す。

3. 省略されている主語を特定できる表現

　雑談では、話し手以外の、話題に出てくる人物が文の主語になることがあり、その主語が話題の内容や文脈によって、明示されずに省略されることがある。しかし、(13)から(15)の表現があれば主語が話し手以外であることを特定することができる。

(13)　「って」という伝聞表現
(14)　「てくれる」という授受表現や「てくる」という動作の方向を示す表現
(15)　「って言うから」「とか言うから」という「って」「とか」と発話動詞と接続表現「から」を組み合わせた表現

　(13)については3.1で、(14)については3.2で、(15)については3.3で詳しく述べる。

3.1 主語が話し手以外であることを表す「って」

　主語が省略されていても、伝聞の表現が使われていれば、省略された主語は話し手ではないと判断でき、話題に出てきた人物であると特定できる。日本語の初級の教科書では、伝聞表現として「そうだ」が取り上げられることが多いが、雑談では、伝聞の表現として「らしい」、「みたいだ」の他に、(16)のような「って」という表現が用いられることも多い。

　(16)は、話し手が高校時代にバドミントンで有名だったペアの選手について話していたとき、相手からペアの選手の進学先は『大学名2の略称』かと尋ねられた場面の発話である。「負けちゃったんだって」という伝聞を表す表現によって、「負けた」の主語が話し手以外であることが示されている。

(16)　「大学名2の略称」行ったけどー、今ー、メンバー争いで負け
　　　ちゃったんだ<u>って</u>。　　　（BTSJ　日本語自然会話コーパス）

　(16)は「メンバー争いで負けちゃった」の主語が省略されているが、「って」という伝聞表現から省略された主語が話し手ではないと判断できる。そして、それまで話題に出てきていたペアの一人の選手が主語であると特定できる。

　このように、「って」のような表現が使われることで、その発話が伝聞であることがわかり、主語は話し手ではなく、それまでに話題に出てきた人物であると特定できる。

3.2 主語が話し手以外であることを表す「てくれる」「てくる」

　主語が省略されていても、「てくれる」という授受表現や、「てくる」という動作の方向を示す表現が使われていれば、省略された主語は話し手以外であると判断でき、その行為は話し手ではなく話題に出てきた人物がしたことだと特定しやすくなる。

　初めに、「てくれる」という授受表現について説明する。「てくれ

る」は、(17)のように話し手以外の人物が話し手のために何かの行
為をしたことを表すときに使われる。(17)は、夏の合宿が終わり、
たくさんの先輩に顔を覚えてもらえるようになったことについて話
している場面で、「挨拶してくれる」という表現によって、「挨拶す
る」という行為をした人物が話し手以外であることが示されている。

(17)　最近、会うと挨拶してくれる。

（談話資料　日常生活のことば）

　(17)は「挨拶する」という行為をした主語が省略されているが、
「てくれる」という授受表現から、省略された主語が話し手ではな
いと判断できる。そして、それまで話題に出てきていた先輩が主語
であると特定できる。
　次に、「てくる」という動作の方向を示す表現について説明する。
「てくる」は、(18)のように話し手以外の人物が話し手に対して何
かの行為を行うことを表すときに使われる。(18)は、教師がある
学生について話している場面で、「書いてくる」という表現によっ
て、「書く」という行為をした人物が話し手以外であることが示され
ている。

(18)　頭はい(＝いい)んだよ、何(なん)かレポートとかすごい＜少
　　　し間＞ちゃんと書いてくるん★だけど。

（談話資料　日常生活のことば）

　(18)は、「書く」という行為をした主語が省略されているが、「て
くる」という動作の方向を示す表現から、省略された主語が話し手
ではないと判断できる。そして、それまでに話題に出てきていた学
生が主語であると特定できる。
　このように、「てくれる」という授受表現や「てくる」という動作
の方向を示す表現から、省略されている主語が話し手ではないと判
断でき、それまで話題に出てきていた人物であると特定できる。

3.3 主語が話し手以外であることを表す「って言うから」

　主語が省略されていても、「って言うから」や「とか言うから」という「って」や「とか」と発話動詞と「から」という接続表現の3つがいっしょに使われていれば、省略された主語は話し手ではないと判断でき、話題に出てきた人物であると特定できる。

　「って言うから」という表現は、(19)のように話し手以外の人物が何かを言ったことを表すときに使われる。(19)は、話し手が友人の家に行ったときの話をしている場面で、「おもしろいんだよって言うからさ」という表現によって、「言う」という行為をした人物が話し手以外であることが示されている。

(19)　（うん）零戦とかさ、（うん）本がーってあって、ゲームがあるんだよね、プレステ2のね。で、おもしろいんだ<u>よって言うから</u>さ、<u>説明書見た</u>んだけど、単にあれはこう、戦闘機の装備を、いろいろと設定していって、それを使うんでしょ。

　　　　　　　　　　　　　　　　　　　　　　　　（名大会話コーパス）

　(19)は「言う」という行為をした人物である主語が省略されているが、「って言うから」という表現から、省略された主語が話し手ではないと判断できる。そして、それまでに話題に出てきていた友人が主語であると特定できる。

　そして、「って言うから」の直後には、話し手の行為や心情が示されることが多いため、「って言うから」の次の行為の主語は話し手だと特定できる。たとえば、(19)では「って言うからさ」の後の「説明書見た」という行為の主語は話し手であると特定できる。

　これは、(20)のように「って言うから」の後に「言う」という同じ動詞が続く場合でも同様である。(20)は同僚との会話を再現している場面で、「あーとか言うから」という表現から「あーと言う」の主語が話し手以外であることが示されている。そして、その直後の「なにーとか言ったら」の主語は話し手であると特定できる。

(20)　で、突然あーとか言うから、なにーとか言ったら、ちょっと
　　　仕事のことでちょっと思い出したとか言って。

（名大会話コーパス）

　このように、「って言うから」や「とか言うから」のように「って」や「とか」と発話動詞と「から」という接続表現の3つがいっしょに使われているとき、主語が話し手以外であると判断でき、さらにその直後の行為の主語は話し手であると特定できる。

4. 省略されている述語を特定できる表現

　雑談では、話題の内容や文脈によって、文の述語が明示されずに省略されることがある。しかし、(21)や(22)の表現があれば、省略されている述語を特定することができる。

(21)　肯定や否定の意味を表すあいづち表現
(22)　対比の文

　(21)については4.1で、(22)については4.2で詳しく述べる。

4.1 省略されている述語が特定できるあいづち表現

　述語が省略されていても、その発話の初めに「そうそう」や「いや」のような肯定や否定の意味を表すあいづち表現が使われていれば、その後で省略されている述語が特定できる場合がある。
　初めに、「そうそう」というあいづち表現について説明する。「そうそう」というあいづち表現は、(23)のように相手の発話の内容を肯定するときのあいづち表現として使われる。(23)は、テレビのバラエティ番組に登場した「汚ギャル」(しばらく風呂も入らず服も着替えないような若い女性)について話している場面で、「そうそう」というあいづち表現によって、相手の「靴下洗わない」という

発言を肯定している。その後の文は、「身体とか全然。」と述語が省略されているが、「そうそう」によって、その述語も相手の発話内容と同じ「洗わない」であると特定できる。

(23)　F134：え。汚ギャル？汚ギャルってなんか、靴下<u>洗わない</u>
　　　　　　 とか。
　　　 F112：<u>そうそう</u>、身体とか全然。　　　（名大会話コーパス）

　肯定の意味を表すあいづち表現には、他に「うんうん」や「そうねー」などがある。
　次に、「いや」というあいづち表現について説明する。「いや」というあいづち表現は、(24)のように相手の発話の内容を否定するときのあいづち表現として使われる。(24)は、アメリカンフットボールのテクニックについて、白人と黒人のどちらのポテンシャルが高いかを話している場面で、「いや」というあいづち表現によって、相手の「白人のほうがうまい」という発言を否定している。その後の文は、「なんかそこー＜最後は＞」と述語が省略されているが、「いや」によって、その述語は相手の発話内容とは反対の「黒人のほうがうまい」であると特定できる。

(24)　JMB013：　俺なんか、そっちの、そういうの、白人のほうが
　　　　　　　　 うまいのかと思っててんけどー ,,
　　　 JM037：　<u>いや</u>、なんかそこー＜最後は＞{＜} ,,
　　　　　　　　　 （BTSJ　日本語自然会話コーパス）

　否定を表すあいづち表現は、他には「いやいや」や「そうかなー」などがある。
　このように、「そうそう」や「いや」のような肯定や否定の意味を表すあいづち表現が使われていれば、その後で省略されている述語が特定できる場合がある。

4.2 省略されている述語が特定できる対比の文

　述語が省略されていても、対比を表す文が使われていれば、その後で省略されている述語が特定できる場合がある。雑談における対比の文には、1つの文で話される場合と2つの文に分けて話される場合がある。

　初めに、1つの文で対比を表す文について説明する。1つの文で対比を表す文とは、(25)のように「若い時は」と「今」という対比の関係を表す表現が1つの文で使われているような文である。(25)は、話し手が母親と年賀状について話している場面である。主節の「今、ちょっとねえ、それも .…」の後の述語が省略されているが、従属節と対比の関係であることから、「手書き入れてた」の対比関係となる「手書き入れない」や「手書きで書かない」という述語であると特定できる。

(25)　何(なん)か、若い時は、手書き {うん、うん［B90f］} 入(い)れてたんだけど、今、ちょっとねえ、それも .…。
　　　　　　　　　　　　　　　　　　（談話資料　日常生活のことば）

　次に、2つの文に分けて対比を表す文について説明する。雑談における対比の文は、2つの文に分けて話されることも多い。(26)の「人の句は忘れちゃう」「自分の句はね」のように1文目と2文目のそれぞれの文の主題に「は」がつき、対比であることが表されることがある。(26)は、句会で他人が出したおもしろい句を話し手が思い出そうとしている場面で、2文目の「自分の句はね、せっせと。」の後の述語が省略されている。しかし、1文目と対比の関係であることから、1文目の述語「忘れちゃうわね」の対比関係となる「思い出せる」や「覚えている」といった述語であると特定できる。

(26)　なんだっけね、人の句は忘れちゃうわね、＜笑い＞読んでも。
　　　（そうね）自分の句はね、せっせと。　　　（名大会話コーパス）

このように、1つの文や2つの文で分けて話される対比の表現から、省略された述語が特定できる場合がある。

5. まとめ

　日本語母語話者の雑談を調査した結果、雑談の内容と表現には、(27)から(29)のような、日本語学習者にとって特に理解しにくいと考えられることがある。

(27)　イントネーションの違いによって「じゃない」や「くない」が質問や同意要求の意味を表したり、「じゃないけど」が例えや婉曲的な意図を表したりするというように、「ない」という表現があっても、否定の意味を表さないことがある。

(28)　主語が省略されていても、「って」という伝聞表現、「てくれる」という授受表現、「てくる」という動作の方向を示す表現などから、主語が話し手以外であり、話題に出てきた人物であると特定しやすくなる。

(29)　述語が省略されていても、「そうそう」や「いや」のような肯定や否定を表すあいづち表現や、「は」を使った対比の文などから、述語が特定できる。

　雑談の内容と表現の実態は、多様な場面や参加者などを考慮した調査によってさらに解明する必要がある。

（中山英治）

調査資料

『談話資料　日常生活のことば』(談話資料データ CD-ROM つき), 現代日本語研究会(遠藤織枝・小林美恵子・佐竹久仁子・髙橋美奈子)編, ひつじ書房, 2016

『BTSJ日本語自然会話コーパス(トランスクリプト・音声)2021年3月版』, 宇佐美まゆみ監修, 国立国語研究所, 機関拠点型基幹研究プロジェクト「日本語学習者のコミュニケーションの多角的解明」, 2021

『名大会話コーパス』, 藤村逸子・大曽美恵子・大島ディヴィッド義和, 2011〔https://www2.ninjal.ac.jp/conversation/nuc.html〕

参考文献

筒井佐代(2012)『雑談の構造分析』くろしお出版

西郷英樹・清水崇文(2018)『日本語教師のための日常会話力がグーンとアップする雑談指導のススメ』凡人社

藤村逸子・大曽美恵子・大島ディヴィッド義和(2011)「会話コーパスの構築によるコミュニケーション研究」藤村逸子・滝沢直宏(編)『言語研究の技法:データの収集と分析』pp. 43–72. ひつじ書房

学習者が雑談を聞く難しさ

1. 雑談を聞く難しさの概要

　雑談には、学生が友達と話す雑談もあれば、家族や近隣の人と話す雑談、職場で同僚や上司、あるいは部下と話す雑談などがある。このように、雑談はさまざまな場面や場所で日常的に行われているものであり、日本語学習者も日々の生活の中で雑談に参加することは少なくない。しかし、雑談の場合、会議や講義のように話題や内容が事前に決まっているわけでもなければ、飲食店などの店員が話す内容のようにマニュアル化されたものでもない。また、スライドやメニューボードなどの視覚的な補助が少ないため、相手の話す内容を予測するのが難しい。実際に、学習者が雑談の場で日本語母語話者の発話をどのように理解しているかを調査した野田尚史他(2015)、野田尚史他(2016)でも、学習者が日本語母語話者の発話を誤解することがあると指摘されている。

　さらに、そこで用いられる日本語は、話し手と聞き手の上下関係や親疎関係によって丁寧体や普通体に使い分けられることがあり、普通体では、たとえば、「食べる」の語尾のイントネーションを上げるだけで質問になるなど、イントネーションの違いで異なる意味を表すことがある。そのため、話し手の発話を適切に聞きとることは、ある程度日本語ができるようになった中級レベルの日本語学習者でも難しい。

　そこで、学習者にとって、雑談で用いられる日本語母語話者の発話のうち、どのようなことを聞きとるのが難しいのかを調査し、フォローアップ・インタビューを行った。調査の結果、適切に理解できなかった事例を要因別に分けると、雑談を聞く難しさは大きく次

の(1)から(3)のように分類できた。

(1)　語を適切に判断する難しさ
(2)　「ない」が含まれる文を適切に判断する難しさ
(3)　主語が誰であるかを適切に判断する難しさ

　このうち(1)は、音が似ている語を適切に聞き分けられなかったり、話し手の発話の区切る位置を間違えたりして、内容を誤解する例である。(2)は、「ない」が含まれる肯定文を否定文だと誤解する例である。そして、(3)は、発話の初めに出てくる「私」を主語だと判断してしまったり、雑談の途中で主語が変わったときに判断できずに内容を誤解したりする例である。
　(1)については3.で、(2)については4.で、(3)については5.で、詳しく述べる。

2. 調査概要

　2.1で調査協力者について、2.2で調査方法について述べる。

2.1 調査協力者

　調査協力者は日本在住の中級日本語学習者の大学生20名と主にヨーロッパに在住する中級日本語学習者40名である。
　日本在住の学習者20名の母語の内訳は次のとおりである。英語が5名、スペイン語が3名、インドネシア語が3名、タイ語が3名、ベトナム語が2名、フランス語が2名、中国語が1名、ペルシア語が1名である。ヨーロッパ在住の学習者40名の母語の内訳は次のとおりである。英語が5名、フランス語が15名、ドイツ語が15名、イタリア語が5名である。

2.2 調査方法

調査は、(4)から(6)の手順で行った。

(4)　日本語学習者に日本語母語話者と1対1で雑談をしてもらう。特にテーマを決めない「雑談」で、対話時間は20分から30分程度である。そのときの母語話者の映像を2人の音声とともに録画しておく。

(5)　雑談が終わった後、学習者に録画した映像を見ながらその音声を少しずつ聞いてもらい、理解した内容や理解できないところを自分の母語で語ってもらう。

(6)　学習者に語ってもらった内容だけでは、どう理解したかがよくわからないときや、そのように理解した理由がわからないときは、それを確認するための質問をその学習者の母語で行い、答えてもらう。

　(5)(6)では、録画したものを見ながら確認するため、学習者にとって日本語母語話者の発話を聞くのは2回目になる。2回目で理解できた内容も実際の対話ではどうして理解できなかったのか、2回目でどうして理解できたのか、その理由についても質問した。また、やりとりが一見うまくいっているかのように見える場面でも、聞きとれていない箇所があったり、最終的には適切に反応していても、一部で誤解したりしている可能性がある。そのため、特に日本語母語話者の発話が長い場面では、音声を少しずつ止めて確認し、難しさの要因を探っていった。

3. 語を適切に判断する難しさ

　学習者は、ある語を音が似ている別の語と混同したり、ある語の区切る位置を不適切に区切ったりして、雑談の中で聞きとった語を適切に理解するのが難しい。3.1では、音が似ている語を適切に判

断する難しさについて、3.2では、語の区切る位置を適切に判断する難しさについて述べる。

3.1 音が似ている語を適切に判断する難しさ

　学習者は、日本語母語話者との雑談の中で、他の語と音が似ている語が聞こえたとき、ある語を音が似ている別の語と混同したり、音が同じ別の語と混同したりし、適切に理解できないことがある。

　ここでは、調査の結果から、ある語と音が似ている別の語の違いがわからず、話し手の意図を誤解した例を2つ示す。

　1つ目は、学習者がある語と音が似ている語を混同して、適切に理解できなかった例である。

　(7)は、日本語母語話者と学習者が今までに読んだことがある絵本について雑談しているときの例である。日本語母語話者は「(昔、私が読んだ絵本は)たしかドイツの絵本だったと思う」と学習者に話しているが、学習者は「たしか」を「たしかに」と聞きとり、「ドイツの絵本にはたしかに怖い話もある」と誤って理解した。

(7)　　それ思うと、ちょっとそうですね。<u>たしか</u>ドイツの絵本だったと思うんですけど、ちょっと怖い絵本とかありますよね、なんか。

　「たしか」と「たしかに」は音が似ているため、雑談の中ではその違いに気づくのは難しい。また、学習者は「たしか」と「たしかに」の音の違いを意識していなかった可能性がある。「たしか」と「たしかに」は、音は似ているが「確かさ」の程度がまったく異なるため、聞きとりを誤ると話し手の意図を適切に理解することができない。

　2つ目は、音が同じである「意外」と「以外」を区別できなかったため、内容を適切に理解できなかった例である。

　(8)は、日本語母語話者が学習者に昔住んでいたところへ久しぶりに行ったときのことを話している例である。日本語母語話者は、

「昔住んでいたところに行ってみたけど、意外と覚えていなかった」ということを学習者に話している。しかし、学習者は、母語話者が言った「意外」を「以外」という意味で理解し、さらに、「なんか」を音が似ている「何か（なにか）」という意味で理解した。そして、それらを合わせて「何か以外は覚えていなかった」という意味だと誤解した。

(8)　この間、あの、自動車の運転免許をとったんですけど、そう、なんか、初めて、自動車で、自分が昔住んでいたところに行って、みたら、<u>なんか、意外に</u>あんまり覚えていなくて、こんな家だったかなーって。こんな家だったかなーって、あんま覚えてなくて、びっくりしました。

　日本語母語話者は、予想とは異なっていたという意味で「意外」と言っている。また、直前に「なんか」と言っているが、「何か（なにか）以外に」や「何か（なんか）以外に」という組み合わせで使われることはない。しかし、学習者にとって、使われない組み合わせがあることをその場で判断するのは難しい。そのため、学習者は、「意外」を同音異義語である「以外」と判断し、その前に使われていた「なんか」を「何か（なにか）」と理解し、前後をつなげ合わせた可能性がある。
　学習者にとってこのような音が似ていたり、同じだったりする語を聞き分けるのは難しい。

3.2 語の区切る位置を適切に判断する難しさ

　学習者は、日本語母語話者との雑談の中で、語の区切る位置を誤って不適切に区切り、話の内容が理解できないことがある。
　ここでは、調査の結果から、区切る位置を間違え、話し手の意図を誤解した例を2つ示す。
　1つ目は、「～ておく」の縮約形「～とく」の部分を適切に区切れず、話の内容を理解できなかった例である。

(9)は、日本語母語話者が学習者とドイツ語の学習「タンデム」について雑談していたときの例である。日本語母語話者は、「やっておけばよかった」というつもりで「やっとけばよかった」と学習者に話しているが、学習者は「やっと（ついに）」のところで区切り、その後に続く「よかった」を聞きとり、「ついに、何かがよかった」と誤って理解した。

(9)　日本にいたときは、ドイツ人とタンデムとかほとんどしたことがなくて、こっち、ドイツに来てから、ドイツ人の学生と、あの、話す練習？タンデムとかしたんですけど、もう、日本にいるときから<u>やっとけばよかった</u>。

　雑談のような会話では、「〜ていく」や「〜ておく」が「〜てく」や「〜とく」のような縮約した形に変わることがある。学習者はこのような縮約形を聞きとることができなかった。そのため、「やっとく」が「やっておく」の縮約形であることに気づかず、「やっと」という副詞として聞きとった。話しことばでは、このような縮約した表現が用いられることが多いが、学習者にとって縮約した形を聞きとるのは難しい。
　2つ目は、話しことばの中で助詞が省略されたと考え、本来の意味とは別の意味で理解し、内容を誤解した例である。
　(10)は、日本語母語話者が学習者とロンドンでの旅行について雑談しているときの例である。日本語母語話者は、「（ロンドンの物価について）とても高かった」という意味で「ものすごく高かった」と学習者に話しているが、学習者は、「ものすごく」を「物がすごく」と区切り、誤って理解した。

(10)　ロンドンは、そうですね、<u>ものすごく</u>、お金が、高いっていうか、何をするにもお金が、すごい高かったですね。

　「ものすごく」は「すごい」の程度がさらに高い状態であることを表している。しかし、学習者は、「ものすごい」という語を知らなか

ったため、すでに知っている「もの」と「すごい」で区切って理解した。「ものすごい」は話しことばでよく使われるが、このような違いを聞きとるのは学習者には難しい。

　このように、学習者は音を正確に区切ることができず、内容を誤解することがある。学習者にとって、話しことば特有の表現や縮約形の区切る位置を適切に判断するのは難しい。

4.「ない」が含まれる文を適切に判断する難しさ

　学習者は、否定の表現として用いられていないときの「ない」が含まれる文を適切に判断するのが難しい。4.1では、「ないですか」の意味を適切に判断する難しさについて、4.2では、「じゃない」の意味を適切に判断する難しさについて述べる。

4.1「ないですか」の意味を適切に判断する難しさ

　「ないですか」は、「〜じゃないですか」や「〜くないですか」という形で、話し手が聞き手に同意を求めるときに用いられる。この場合、否定の質問にはならない。

　しかし、学習者は「ないですか」を同意を求めているとは理解せず、そのまま否定の意味としてとらえ、誤って理解することがある。

　ここでは、肯定の意味を持つ「ないですか」を否定の意味としてとらえ、話し手の意図を誤解した例を2つ示す。

　1つ目は「〜じゃないですか」を適切に聞きとることができず、否定の質問だと誤解した例である。「〜じゃないですか」は、聞き手が知っていると思うことを述べて、同意を得る際に用いられるものである。この場合、文末は下降イントネーションになるため、相手に質問しているわけではない。しかし、学習者は、文末の「ですか」を聞いて、話し手が聞き手である学習者本人に質問しているのだと誤解したため、相手の意図を適切に理解できなかった。

　(11)は、日本語母語話者と学習者が好きな甘いものについて雑

談しているときの例である。日本語母語話者は「あんこは控えめな甘さだ」と肯定の意味で言っている。そのため相手に質問しているということではない。しかし、学習者は「あんこはあなたには甘すぎませんか」という個人の嗜好を問う質問だと誤って理解した。

(11)　へえー。そうなんだ。けっこうあんこって、控え目な甘さ<u>じゃないですか</u>。

　このように、「じゃないですか」が下降イントネーションであるときは質問ではなく、同意を得る際に用いられる。しかし、文末の「ですか」のみを聞いて、質問だと判断すると、話し手の意図を適切に理解することはできない。
　2つ目は、同意を求めるときに用いる「～くないですか」を適切に聞きとることができず、否定の意味だと誤解した例である。
　「～くないですか」は、音の高低によって意味が異なる。たとえば、「多くないですか」では、図1のように「多くな」で一度上昇し、「ですか」でもう一度上昇するような場合、話し手は聞き手に「多い」ということへの同意を求めている。その場合、「多くない」という否定の意味にはならない。

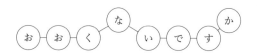

図1：同意を求めている音声

　しかし、学習者は肯定の意味だとは理解せず、「ない」という音から否定の意味としてとらえ、誤って理解することがある。
　(12)は、日本語母語話者と学習者が食堂での食事について雑談しているときの例である。日本語母語話者は、食堂は「人が多い」と思っており、それについて聞き手である学習者に同意を求めている。しかし、学習者は「お昼ご飯のときもそんなに人は多くない」と否定の意味だと誤って理解した。

（12）　昼休み、人、多くないですか。

　この場合、学習者は文末の疑問を表す助詞「か」に気づかなかったため、「人、多くないです」と聞きとり、否定の意味で理解した。「～くないですか」、または、くだけた表現の「～くない?」は、音の高低の位置によって意味が異なる。図2のように「多くないですか」の文末の「か」のみが上昇する場合は、多いか多くないかが焦点となり、「多い」ことに対して肯定か否定か話し手は聞き手に質問している。

図2：質問を表している音声

　しかし、図1のように「おおくないですか」の「な」で一度上昇する場合は、「多い」ということに対して話し手は聞き手に同意を求めている。このように「～くないですか」「～くない?」はイントネーションによって意味が異なるのだが、学習者にとって、このイントネーションを聞きとり、それぞれの意味を適切に理解するのは難しい。

4.2「じゃない」の意味を適切に判断する難しさ

　「じゃない」は、通常は否定の意味を表すが、「～じゃねえか」「～どころではない」など「ない」が含まれていても肯定の意味を表すことがある。しかし、学習者は肯定の意味だとは理解せず、そのまま否定の意味としてとらえ、誤って理解することがある。
　ここでは、肯定の意味を持つ「じゃないですか」を否定の意味としてとらえ、話し手の意図を誤解した例を2つ示す。
　1つ目は、話し手の驚きや発見の感情を表すときに用いる「～じゃないか(～じゃねえか)」を適切に聞きとることができず、否定の

学習者が雑談を聞く難しさ　　　91

意味だと誤解した例である。

　（13）は、日本語母語話者と学習者がドイツのビールについて雑談しているときの例である。日本語母語話者は、「（ビールの味は）全部いっしょだと思った」と、聞き手である学習者に伝えている。しかし、学習者は「全部いっしょじゃないと思った」と否定の意味だと誤って理解した。

(13)　（ドイツのビール）おいしいね！ただ、あんまり飲めないから、お酒。だから、ちょっとあんまり違いがわからなかった。全部いっしょ<u>じゃねえか</u>と思った。

　この場合、学習者は疑問を表す助詞「か」に気づかなかったため、誤解した。「か」を聞きとらなければ「全部いっしょじゃねえ」となり、「全部いっしょじゃない」という否定の意味になる。また、学習者が「〜じゃないか（〜じゃねえか）」に肯定の気持ちを表現する働きがあることを知っていると、適切に聞きとることができた可能性がある。学習者にとって「いっしょじゃねえ」と「いっしょじゃねえか」の違いを聞きとり、話し手の意図を正確に理解することは難しい。

　2つ目は、「〜どころじゃない（〜どころではない）」を適切に聞きとることができず、否定の意味だと誤解した例である。ある事態について「Xどころではない」という表現を用いると、その事態の程度がX以上であることを表し、否定の意味にはならない。

　（14）は、日本語母語話者が学習者に自分の家族の世話をしていることを話しているときの例である。日本語母語話者は、「（大家族の世話では）イライラするよりももっと程度が激しかった」という肯定の意味で自分の感情を聞き手である学習者に伝えている。しかし、学習者は「イライラしなかった」という否定の意味だと誤って理解した。

(14)　いやー、けっこうイライラする<u>どころじゃなかった</u>ですよ。

学習者は、「イライラする」とその後ろに続く「ない」を聞きとり、単純に否定だと考えたため、誤解した。「イライラするどころじゃなかった」は「イライラしなかった」という否定の意味ではなく、「イライラする」という肯定の意味のさらに程度が激しいことを表している。学習者がこの使い方を知らなければ、あるいは「ない」の直前の「どころじゃ」が聞きとれなければ、適切に理解することは難しい。

　このように、「ない」が含まれている表現でも、否定以外の意味で用いられることがある。しかし、学習者は「ない」のみを聞きとり否定だと判断することがある。イントネーションの違いや文末にある疑問を表す助詞「か」の有無、「～どころじゃない」のような決まった表現など「ない」以外のところを聞きとり、否定文なのか肯定文なのか、質問文なのかを判断するのは難しい。

5. 主語が誰であるかを適切に判断する難しさ

　学習者は雑談の中で主語が誰であるかを適切に判断するのが難しい。5.1では、発話の初めに出てくる「私」を主語だと誤って判断する難しさについて、5.2では、途中で主語が変わる時に適切に判断する難しさについて述べる。

5.1 発話の初めに出てくる「私」を主語だと誤って判断する難しさ

　学習者は雑談の中で主語が誰であるかを誤解し、話し手の発話内容を適切に理解できないことがある。

　ここでは、学習者が、話し手の語りの初めに言った「私」を、その後に続く動作の主語であると誤って判断した例を2つ示す。

　1つ目は、「私の」を「私は」と聞きとり、適切に理解できなかった例である。

　(15)は、日本語母語話者と学習者が日本への旅行について雑談しているときの例である。日本語母語話者は、「私(話し手)の友達

が東京に行く」ということを学習者に話している。しかし、学習者は「私(話し手)がドイツの友達と東京に行く」と誤って理解した。

(15)　私の友達も、あ、ドイツ人の友達も、3月に、3月から1ヶ月
　　　ぐらい、東京に行って、羨ましいですね、日本に行けるのは。

　学習者は、「私の」の助詞「の」を聞きとらず、「私は」と判断し、「友達も」を「友達もいっしょに」という意味だと考え、誤解した。しかし、学習者は、発話の最初に出てきた「私」を聞き、その後に続く助詞に注意しなかった。発話の初めに「私」という語が来ても、その後の助詞が「は」であるか「の」であるかで内容が変わるが、学習者にとってその違いを聞きとるのは難しい。
　2つ目は、最初に出てくる従属節の「私」のみを聞きとり、主節部分の「人たち」に気づかず、適切に理解できなかった例である。
　(16)は、日本語母語話者と学習者がクリスマス時期の過ごし方について雑談しているときの例である。日本語母語話者は「自分が参加しているオーケストラの人たちが行ったアンサンブル(演奏)を見に行った。」という意味で学習者に話している。しかし、学習者は「私(話し手)がオーケストラの人といっしょにアンサンブルをした。すごく寒かった」と誤って理解した。

(16)　私がここで入ってるオーケストラの、なんか、人たちが、ちょっとクリスマスマーケットでアンサンブルをして、それを見に行ったりとかもしました。すごく寒そうだった。

　学習者は、発話の最初に出てきた「私が」を聞き、このエピソードすべての主語が「私」だと誤解した。そのため、途中に出てきた「人たち」にも気づかなかった。また、最後の「寒そうだった」の「そうだ」は様態を表し、話し手自身が主語になることはない。この部分まで聞きとれていれば、主語を特定できた可能性がある。しかし、学習者は、発話の最初に出てきた「私」を聞き、それが発話内容全体にまで係っていると考えた。従属節の主語と主節の主語を

聞き分け、適切に理解するのは学習者にとって難しい。

5.2 途中で主語が変わるときに適切に判断する難しさ

　学習者は雑談の中で主語が誰であるかを誤解し、話し手の発話内容を適切に理解できないことがある。ここでは、主語が途中で入れ替わり、動作の主語を誤って判断した例を2つ示す。

　1つ目は、主語が途中で入れ替わったことに気づかず、誰について話しているのかが適切に理解できなかった例である。

　(17)は、日本語母語話者と学習者が共通の友人である原君について雑談しているときの例である。日本語母語話者は、「原君は私（話し手）の後輩であり、私（話し手）の1つ上の先輩である」と学習者に話している。しかし、学習者は「原君は私（話し手）の先輩だ」と誤って理解した。

(17)　原君はたしかにすごいですよね。ちょっと、<u>私</u>、一応1つ先輩というか、1つ上なんですけど、もう、<u>彼</u>は別格です。

　原君についての話題の中に、「私は1つ先輩」という話し手自身の情報が挟まっているが、学習者はこの間に挟まれた「私」に気づかなかったため、誤解した。雑談のような自由会話は、主語が入れ替わったり、話の途中で本筋から外れた情報が加わったりすることがある。しかし、学習者にとって、このような発話形式を適切に聞きとるのは難しい。

　2つ目は少し長い語りの部分で、話し手と聞き手以外の第3者について話題が出たときに学習者が主語を判断できず、「誰が」「誰に」を適切に理解できなかった例である。

　(18)は、日本語母語話者と学習者がドイツの天気について雑談しているときの例である。雑談の中に出てくるのは、私と、隣に住んでいるスペイン人、（私の）ドイツ人の友達の3人である。(18)は日本語母語話者の語りであるが、1つの語りが長く、登場人物が多いため、これを聞いた学習者は2箇所の主語を適切に判断できなか

った。1つ目は、「（私は）ドイツ人の友達にスペイン人が泣いていたことを言った」という主語が省略された文で、「誰が」ドイツ人の友だちに言ったのかが理解できなかった。2つ目は、「（私は）ドイツ人の友だちにスペイン人はスペインの天気が懐かしくて泣いているのだと言われた」という受動文で、「誰が誰に」言われたのかが理解できなかった。

(18) それで、ドイツはけっこう曇りとかが多くて、なんか、あの、私の隣にスペイン人が住んでるんですけど、寮の、あのー、この間、なんか、家と電話してみたいで、なんか、泣いてるのが聞こえてきて、それ、ドイツ人の友達に言ったら、なんか、きっとドイツの曇りの日が多すぎて、スペインのいいお天気が懐かしくなって泣いてるんだよって言われて。

　日本語母語話者の発話は、複数の文が接続表現でつながり、一文が長くなっている。また、日本語では「と言った」「と言われた」という能動文と受動文で動作主が変わるが、学習者は「誰が誰に」言ったのか判断できなかった。
　雑談では、話し手が過去に聞いた話を語ることもあるが、こういった表現では「誰が誰に」言ったかが重要である。しかし、学習者にとって、能動文か受動文かを聞きとり、動作主を判断するのは難しい。

6. まとめ

　本章では、日本語母語話者と学習者の雑談において、学習者が母語話者の発話を聞く難しさを調査した。結果をまとめると、雑談で母語話者の発話の聞きとりを難しくする要因は(19)から(21)である。

(19) 学習者は、ある語を音が似ている別の語と混同したり、ある語の区切る位置を不適切に区切ったりして、雑談の中で聞き

とった語を適切に理解するのが難しい。たとえば、「たしか」を「たしかに」と聞きとったり、「やっとけば（やっておけば）」を「やっと」で区切ったりして誤解する。

（20）　学習者は、「ない」が含まれる発話を適切に判断するのが難しい。たとえば、学習者は、同意を求めるときに用いられる「ないですか」を質問だと誤解したり、肯定の意味で用いられている「〜じゃないか」「〜どころじゃない」を否定の意味だと誤解したりする。

（21）　学習者は雑談の中で主語が誰であるかを適切に判断するのが難しい。たとえば、学習者は、助詞に関係なく発話の初めに来た「私」を主語だと判断したり、話し手の語りの中で主語が途中で入れ替わっても気づかなかったり、能動文か受動文かを聞き分けられず、「誰が」「誰に」言ったのかを誤解したりする。

　雑談の聞きとりにおいては、（19）から（21）のような難しさが存在し、これらが雑談の中での学習者の誤解の要因となっている。

（村田裕美子）

参考文献

野田尚史・阪上彩子・中山英治(2015)「中級学習者が雑談に参加するときの聴解の問題点」*The 22st Princeton Japanese Pedagogy Forum Proceedings*, pp. 142–152. Princeton, NJ: Department of East Asian Studies, Princeton University.

野田尚史・中島晶子・村田裕美子・中北美千子(2016)「日本語母語話者との対話における中級日本語学習者の聴解困難点」『ヨーロッパ日本語教育』20: pp. 219–224. ヨーロッパ日本語教師会

雑談を聞く教材の作成

1. 雑談を聞く教材の作成方針

　雑談は課題を遂行するために必要な会話というより、人間関係を築き、維持していく要素が大きい。雑談を円滑に続けるためには、話し手の意図を適切に理解し、反応することが重要である。そのためには、雑談を聞く教材で、依頼する、提案する、同意する、質問するといった機能の表現を扱い、話し手の意図が理解できるようにする必要がある。

　雑談や機能を聞きとる教材は存在するが、『聞いて覚える話し方 日本語生中継・中〜上級編』や『聞いて覚える話し方 日本語生中継・初中級編1』のように、「依頼」、「提案」などある特定の機能を取り上げ、それが使われる場面や文脈の中で聞きとり、会話の練習につなげるものがほとんどである。しかし、実際の雑談では、話題がどんどん移り変わり、場面や文脈に依存せずに話が展開していくことが多く、機能の表現を覚えるだけでは実際の雑談で聞きとることが難しい。そのため、場面や文脈にかかわらず、機能を聞き分け、雑談で話し手の意図を理解するためには次のような聴解スキルが必要である。たとえば、イントネーションの違いで話し手の意図が変わるため、イントネーションの違いを聞き分けるスキルや、「どころではない」、「しか〜ない」のように「ない」という表現が含まれていても肯定を表す場合があるため、「ない」の前を聞きとるスキル、雑談では人物が省略されることが多いため、場面や文脈に依存しなくても省略された人物が特定できるスキルなどである。

　そこで、雑談を聞く教材は、(1)から(3)のような方針で作成する。

(1)　イントネーションの違いから、話し手の意図を聞きとる教材を作成する。
(2)　肯定か否定かを聞きとる教材を作成する。
(3)　省略された人物が誰かを聞きとる教材を作成する。

　(1)については2.で、(2)については3.で、(3)については4.で詳しく述べる。

2. イントネーションから意図を聞きとる教材

　イントネーションによって話し手の意図が異なることを聞きとれるようになるためには、イントネーションの違いを聞き分ける練習が必要である。2.では、イントネーションの違いを聞き分けて話し手の意図を聞きとる教材の作成方法について述べる。

2.1 質問しているか同意を求めているかを聞きとる教材

　話し手が「これ、おもしろくない?」と言ったとき、「おもしろくないですか」と質問しているか、「おもしろいですよね」と同意を求めているかを聞き分ける教材の作成方法について述べる。
　教材は、発話例、イントネーションの違いを表す図、聞きとるためのポイントの解説、練習問題の4つを作成する。「おもしろくない?」が質問か同意かを判断するには、「くない」のイントネーションの違いを聞き分けるスキルを身につける必要がある。最初に、耳で聞いて、違いが比べられるように、質問している発話例の音声と同意を求めている発話例の音声を聞いてもらう。たとえば、「おもしろくない?」という話し相手がおもしろくなさそうにしていて、話し手が「おもしろくないですか」と質問している音声と、「おもしろくない?」という若者ことばのような言い方で語尾を上げ、「おもしろいですよね」と同意を求めている音声である。この発話例は音声だけで提示し、文字では提示しない。

発話例の後に、発話例のイントネーションを表す図を提示する。音声だけではイントネーションの違いを理解しにくい学習者が、視覚的に把握できるようにするためである。図1は質問を表す「おもしろくない?」の音声の後に、図2は同意を求める「おもしろくない?」の音声の後に示すイントネーションの図である。図1の最後の「い」は音が下がってからすぐに上がっているため、「い」の後ろに上昇する線をつけて表している。

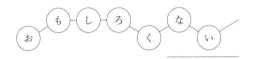

図1：質問を表している音声

図2：同意を求めている音声

　次に、発話例の音声とイントネーションの図で示した質問と同意の違いについて聞きとりのポイントを(4)のように文章で解説する。耳でイントネーションの違いを聞き、目でイントネーションの違いを見た後、それがどんな聴解スキルなのか、解説で確認できるようにするためである。

(4)　「くない」の「な」から「い」に音が下がってからすぐに上がっている場合は、質問しています。「くない」の「な」から「い」に音が下がっていない場合は、同意を求めています。

　最後に、質問か同意かを判断するためのイントネーションの違いを聞き分ける練習問題を音声で提示する。練習問題では、図1のよ

うな質問している「くない?」の音声か、図2のような同意を求めている「くない?」の音声を含む、少し長めの音声を聞き、話し手が質問しているか、同意を求めているかを選択してもらう。(5)と(6)は練習問題の音声例のスクリプトである。実際の練習問題は、スクリプトはなく、音声のみである。現実場面でイントネーションの違いを聞き分けるためには、文字に頼らず音声のみで判断できるようになる必要があるからである。(5)は「甘くないですか」と質問している音声を聞き、話し手が質問しているか、同意を求めているかを選択する。学習者は「甘くない?」の音声が、図1のように「くない」の「な」から「い」に音が下がってからすぐに上がっていると聞きとれれば、話し手が質問をしていると判断できる。

(5) 私、これ、けっこう甘いと思ったんだけど、<u>甘くない?</u>
   （「甘くないですか」と質問している音声）

   (6)は「かわいいよね」と同意を求めている音声を聞き、話し手が質問しているか、同意を求めているかを選択する。学習者は「かわいくない?」の音声が、図2のように「くない」の「な」から「い」に音が下がっていないと聞きとれれば、話し手が同意を求めていると判断できる。

(6) ねえ、これ、ちょー<u>かわいくない?</u>
   （「かわいいよね」と同意を求めている音声）

   このような練習問題を通して、「くない」のイントネーションによって、話し手が質問しているのか、同意を求めているのかを判断でききるようにする。

2.2 自分の考えか発見したことかを聞きとる教材

   話し手が「今日、<u>休みじゃない</u>」と言ったとき、「休みじゃない」と自分の考えを言っているか、「休みだ」と発見したことを言ってい

るかを聞き分ける教材の作成方法について述べる。

　教材は2.1と同様に、発話例、イントネーションの違いを表す図、聞きとるためのポイントの解説、練習問題の4つを作成する。「休みじゃない」が自分の考えを言っているか、発見したことを言っているかを判断するには、「じゃない」のイントネーションの違いを聞き分けるスキルを身につける必要がある。最初に耳で聞いて、違いが比べられるように、発話例を提示する。たとえば、話し手が「休みじゃない」と自分の考えを言っている「休みじゃない」という音声と、話し手が「休みだ」と発見したことを言っている「休みじゃない」という音声を聞いてもらう。この発話例は音声だけで提示し、文字では提示しない。

　発話例の後に、発話例のイントネーションを表す図を提示する。音声だけではイントネーションの違いを理解しにくい学習者が、視覚的に把握できるようにするためである。図3は自分の考えを表す「休みじゃない」の音声の後に、図4は発見を表す「休みじゃない」の音声の後に示すイントネーションの図である。

図3：自分の考えを表す音声

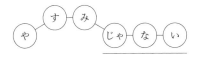

図4：発見したことを表す音声

　次に、発話例の音声とイントネーションの図で示した自分の考えか発見かの違いについて聞きとりのポイントを(7)のように文章で解説する。

(7)　「休みじゃない」の「じゃ」から「な」に音が上がって、「な」から「い」に音が下がっている場合は、話している人が「休みじゃない」という自分の考えを言っています。「休みじゃない」の「じゃ」から「な」に音が上がらないで、「な」から「い」に音が下がっていない場合は、話している人が「休みだ」と発見したことを言っています。

　　最後に、自分の考えか発見かを判断するためのイントネーションの違いを聞き分ける練習問題を音声で提示する。練習問題では、図3のような自分の考えを表す「じゃない」の音声か、図4のような発見を表す「じゃない」の音声を含む、少し長めの音声を聞き、話し手が自分の考えを言っているか、発見したことを言っているかを選択してもらう。(8)と(9)は練習問題の音声例のスクリプトである。実際の練習問題は、スクリプトはなく、音声のみである。(8)は「大変じゃない」と自分の考えを言っている音声を聞き、話し手が自分の考えを言っているか、発見したことを言っているかを選択する。学習者は「大変じゃない」の音声が、図3のように「じゃない」の「じゃ」から「な」に音が上がって、「な」から「い」に音が下がっていると聞きとれれば、話し手が「大変じゃない」と自分の考えを言っていると判断できる。

(8)　バイトは家庭教師だから、実はそんな大変じゃない。
　　　（「大変じゃない」と自分の意見を言っている音声）

　　(9)は「いっぱいだ」と発見したことを言っている音声を聞き、話し手が自分の考えを言っているか、発見したことを言っているかを選択する。学習者は「いっぱいじゃない」の音声が、図4のように「じゃない」の「じゃ」から「な」に音が上がらないで、「な」から「い」に音が下がっていないと聞きとれれば、話し手が発見したことを言っていると判断できる。

(9)　ほら、やっぱり予約しなかったから、いっぱいじゃない。

（「いっぱいだ」と発見したことを言っている音声）

　このような練習問題を通して、「じゃない」のイントネーションによって、話し手が自分の考えを言っているのか、発見したことを言っているのかを判断できるようにする。

3. 肯定か否定かを聞きとる教材

　否定を表す「ない」が使われていても、肯定を表す場合がある。肯定か否定かを判断するには、「ない」といっしょに使われる肯定を表す表現を聞きとる練習が必要である。3.では、否定を表す「ない」といっしょに使われる肯定を表す表現を聞きとり、肯定か否定かを判断する教材の作成方法について述べる。

3.1 肯定の意味の「しか」を聞きとる教材

　話し手が「かばんの中に財布しか入ってない」と言ったとき、「財布が入っている」という肯定の意味か、「財布が入っていない」という否定の意味かを聞き分ける教材の作成方法について述べる。
　教材は、聞きとるためのポイントの解説、発話例、練習問題の3つを作成する。「かばんの中に財布しか入ってない」が肯定か否定かを判断するには、肯定の意味を表す「しか」があるかどうかを聞き分けるスキルを身につける必要がある。最初に、肯定か否定かを判断する聞きとりのポイントを(10)のように文章で解説する。

（10）　「しか」が使われているとき、述語に「ない」が使われていても、その述語は肯定の意味を表しています。

　聞きとりのポイントの解説の後に、耳で聞いて、違いが比べられるように、「しか」と「ない」が含まれている発話例の音声と「しか」が含まれていないが、「ない」が含まれている発話例の音声を聞

いてもらう。たとえば、「財布しか入っていない」という「財布だけ入っている」と肯定を意味する音声と、「財布が入っていない」という「財布が入っていない」と否定を意味する音声である。この発話例は音声だけで提示し、文字では提示しない。

　最後に、肯定か否定かを判断するための「しか」の有無を聞き分ける練習問題を音声で提示する。練習問題では、(11)a.のような肯定の意味を表す「しか」が「ない」といっしょに使われている音声か、(11)b.のような否定の意味を表す「ない」だけが使われている音声を聞き、話し手の話が肯定の意味を表しているか、否定の意味を表しているかを選択してもらう。(11)は練習問題の音声例のスクリプトである。実際の練習問題は、スクリプトはなく、音声のみである。

(11)　　a. 部活あるとき、家庭教師しかやってないよ。
　　　　b. 最近、就活で忙しいから、今はバイトやってないよ。

　(11)a.は肯定の意味を表す例である。「しかやってないよ」の「しか」が聞きとれれば、「家庭教師だけやっている」という肯定の意味を表していると判断できる。(11)b.は否定の意味を表す例である。「しか」がなく、「ない」という否定の表現があることが聞きとれれば、「バイトをやっていない」という否定の意味を表していると判断できる。

　このような練習問題を通して、話し手の話が肯定の意味を表しているか、否定の意味を表しているかを判断できるようにする。

3.2 肯定の意味の「どころじゃない」を聞きとる教材

　話し手が「向かいの家が一晩中カラオケしてて、うるさいどころじゃなかった」と言ったとき、「うるさかった」という肯定の意味か、「うるさくなかった」という否定の意味かを聞き分ける教材の作成方法について述べる。

　教材は、聞きとるためのポイントの解説、発話例、練習問題の3

つを作成する。「うるさいどころじゃなかった」が肯定を表すか否定を表すかを判断するには、「どころじゃなかった」といっしょに使われている「うるさい」といった表現が自分の意志でコントロールできない状態を表す表現か、自分の意志でコントロールできる動作を表す表現かを聞き分けるスキルを身につける必要がある。自分の意志でコントロールできない状態を表す表現とは、たとえば、「寒い」や「混んでいる」といった表現である。「寒い」や「混んでいる」といった状態は自分の意志で変えることができない。一方、自分の意志でコントロールできる動作を表す表現とは、たとえば、「旅行(する)」や「友達に会う」といった表現である。「旅行(する)」や「友達に会う」といった動作は行うか行わないかは都合や状況によって自分で決めることができる。

　最初に、肯定か否定かの聞きとりのポイントを、(12)のように文章で解説する。

(12)　「寒い」や「混んでいる」のような自分の意志でコントロールできない状態を表す表現といっしょに「どころじゃない」が使われているときは、「とても寒い」や「とても混んでいる」という肯定の意味を表しています。一方、「旅行」や「友達に会う」のような自分の意志でコントロールできる動作を表す表現といっしょに「どころじゃない」が使われているときは、「旅行する余裕がない」や「友達に会う余裕がない」という否定の意味を表しています。

　聞きとりのポイントの解説の後に、耳で聞いて、「どころじゃない」といっしょに使われる表現に注目できるように2種類の発話例の音声を聞いてもらう。1つは、自分の意志でコントロールできない状態を表す表現といっしょに「どころじゃない」が使われている音声である。たとえば、「難しいどころじゃなかったよ」という「とても難しかった」ことを意味する音声である。もう1つは、自分の意志でコントロールできる動作を表す表現といっしょに「どころじゃない」が使われている音声である。たとえば、「正月休みどころじ

ゃなかったよ」という「正月休みがとれなかった」ことを意味する音声である。

　最後に、肯定か否定かを判断するための「どころじゃない」といっしょに使われている表現を聞き分ける練習問題を音声で提示する。練習問題では、(13)a.のような自分の意志でコントロールできない状態を表す表現といっしょに「どころじゃない」が使われている音声か、(13)b.のような自分の意志でコントロールできる動作を表す表現といっしょに「どころじゃない」が使われている音声を聞いてもらう。そして、話し手の話が肯定の意味を表しているか、否定の意味を表しているかを選択してもらう。

(13)　a. 人身事故でずっと電車来なくて、やっと来たと思ったら、もはや車内は混んでるどころじゃなかったですよ。
　　　b. 部活始めたころって、忙しすぎてさー、バイトどころじゃなかったよね。

　(13)a.は肯定の意味を表す例である。「混んでるどころじゃなかったですよ」の「混んでる」を自分の意志でコントロールできない状態を表す表現だと聞きとれれば、「とても混んでいた」という肯定の意味を表していると判断できる。(13)b.は否定の意味を表す例である。「バイトどころじゃなかったよね」の「バイト」を自分の意志でコントロールできる動作を表す表現だと聞きとれれば、「バイトをする余裕がなかった」、つまり、「バイトをやっていない」という否定の意味を表していると判断できる。

　このような練習問題を通して、話し手の話が肯定の意味を表しているか、否定の意味を表しているかを判断できるようにする。

4. 省略された人物が誰かを聞きとる教材

　誰について話しているのか、省略された人物が誰かを聞きとれるようになるには、省略された人物が誰かを示す手がかりを聞きとる

練習が必要である。省略された人物が誰かを特定する手がかりとして、たとえば、伝聞を表す表現、授受表現や受身表現、敬語表現などがある。4.では、省略された人物を示す手がかりを聞きとり、省略された人物が誰かを判断する教材の作成方法について述べる。

4.1 伝聞表現から誰の話かを聞きとる教材

　話し手が「打ち上げの話はみんなに連絡した<u>って</u>」と言ったとき、「打ち上げの話は、私がみんなに連絡した」という話し手の話か、「打ち上げの話は、その前に話題に出てきた人がみんなに連絡した」という他の人の話を聞き分ける教材の作成方法について述べる。

　教材は、聞きとるためのポイントの解説、発話例、練習問題の3つを作成する。「打ち上げの話はみんなに連絡したって」が話し手の話か他の人の話かを判断するには、伝聞を表す「って」、「だって」があるかどうかを聞き分けるスキルを身につける必要がある。

　最初に、話し手の話か他の人の話かを判断する聞きとりのポイントを(14)のように文章で解説する。

（14）　発話の最後に「って」、「だって」が使われているとき、他の人から聞いた話をしています。

　聞きとりのポイントの解説の後に、耳で聞いて、違いが比べられるように、「って」、「だって」が含まれている発話例の音声と「って」、「だって」が含まれていない発話例の音声を聞いてもらう。たとえば、「あした行くって」という「話題に出てきた他の人があした行く」ことを意味する音声と、「あした行く」という「話し手があした行く」ことを意味する音声である。

　最後に、話し手の話か他の人の話かを判断するための「って」、「だって」の有無を聞き分ける練習問題を音声で提示する。練習問題では、(15)a.のような発話の最後に「って」、「だって」が使われ、伝聞を表す音声か、(15)b.のような「って」、「だって」が使われず、伝聞ではないことを表す音声を聞き、話し手の話か、他の人の話か

を選択してもらう。

(15)　a. 新年会、月曜だよね。月曜の夜は予定入ってるから参加で
　　　　きないん<u>だって</u>。
　　　b. 来月から実習始まるから、けっこう<u>忙しい</u>。

　(15)a.は伝聞を表す例である。「参加できないんだって」の「だっ
て」が聞きとれれば、「話題に出てきた他の人が参加できない」とい
う伝聞を表していると判断できる。(15)b.は伝聞ではないことを表
す例である。発話の最後に「って」、「だって」がないことが聞きと
れれば、「話し手が忙しい」という意味を表し、他の人から聞いた話
ではないと判断できる。
　このような練習問題を通して、話し手が他の人から聞いた話をし
ているかどうかを判断できるようにする。

4.2 授受表現から動作主を聞きとる教材

　話し手が「オンラインミーティングのリンク、送っ<u>てくれた</u>」と
言ったとき、「その前に話題に出てきた人がリンクを送った」のか、
「話し手がリンクを送った」のかを聞きとる教材の作成方法につい
て述べる。
　教材は、聞きとるためのポイントの解説、発話例、練習問題の3
つを作成する。「オンラインミーティングのリンク、送ってくれた」
といった発話が、その前に話題に出てきた人が話し手のためにした
ことを表すと判断するには、発話の最後の「てくれた」、「てもらっ
た」を聞きとるスキルを身につける必要がある。一方、「オンライン
ミーティングのリンク、送ってあげた」といった発話が、聞き手か
その前に話題に出てきた人に話し手がリンクを送ったことを表すと
判断するには、発話の最後の「てあげた」を聞きとる必要がある。
　最初に、誰が誰のためにしたかを判断する聞きとりのポイントを
(16)のように文章で解説する。

（16）　発話の最後に「てくれた」、「てもらった」が使われていると
　　　　き、その前に話題に出てきた人が話し手のためにしたことを
　　　　表しています。発話の最後に「てあげた」が使われていると
　　　　き、話し手が聞き手かその前に話題に出てきた人のためにし
　　　　たことを表しています。

　聞きとりのポイントの解説の後に、耳で聞いて、授受表現に注目
できるように3種類の発話例の音声を聞いてもらう。1つ目は、そ
の前に話題に出てきた人が話し手のためにしたことを表す「てくれ
た」を含む音声である。たとえば、「近くに売ってる店があるから、
買ってきてくれた」という「その前に話題に出てきた人が話し手の
ために買ってきた」ことを意味する音声である。2つ目はその前に
話題に出てきた人が話し手のためにしたことを表す「てもらった」
を含む音声である。たとえば、「さっき、スマホにリンク送っても
らった」という「その前に話題に出てきた人が話し手のためにリン
クを送った」ことを意味する音声である。3つ目は、話し手が聞き
手かその前に話題に出てきた人のためにしたことを表す「てあげ
た」を含む音声である。たとえば、「先に着いたから、席とっといて
あげたよ」という「話し手が聞き手のために席をとった」ことを意
味する音声である。
　最後に、誰が誰のためにしたことを表しているかを判断するため、
その前に話題に出てきた人が話し手のためにしたことを表す表現
「てくれた」、「てもらった」と、話し手が聞き手かその前に話題に出
てきた人にしたことを表す表現「てあげた」を聞き分ける練習問題
を音声で提示する。(17)a.のような発話の最後に「てくれた」、「て
もらった」が使われている音声か、(17)b.のような「てあげた」が
使われている音声を聞き、話題に出てきた人が話し手のためにした
のか、話し手が聞き手か話題に出てきた人のためにしたのかを選択
してもらう。

（17）　a. オンラインでどうやって課題提出するか、こないだ教えて
　　　　もらった。

b. ついでだから、飛行機とホテル、予約してあげた。

（17）a. はその前に話題に出てきた人が話し手のために行為をした例である。「教えてもらった」の「てもらった」が聞きとれれば、その前に話題に出てきた人が話し手に教えたと判断できる。（17）b. は話し手が聞き手かその前に話題に出てきた人のために行為をした例である。「予約してあげた」の「てあげた」が聞きとれれば、話し手が他の人のために「予約した」と判断できる。

このような練習問題を通して、誰が誰のためにしたかを判断できるようにする。

4.3 依頼されているかどうかを聞きとる教材

話し手が「先生に伝えといてくれない？」と言ったとき、「先生に伝えてくれる？」と話し手が聞き手に依頼していることを聞きとる教材の作成方法について述べる。

教材は、聞きとるためのポイントの解説、発話例、練習問題の3つを作成する。「先生に伝えといてくれない？」といった発話が、話し手が聞き手に依頼しているかどうかを判断するには、依頼を表す表現「てくれる？」、「てくれない？」、「てもらえる？」、「てもらえない？」を聞きとるスキルを身につける必要がある。最初に、話し手が依頼しているかどうかを判断する聞きとりのポイントを（18）のように文章で解説する。

（18）　発話の最後に「てくれる？」、「てくれない？」、「てもらえる？」、「てもらえない？」が使われているとき、話し手が聞き手に依頼しています。

聞きとりのポイントの解説の後に、耳で聞いて、依頼の表現が確認できるように、「てくれる？」、「てくれない？」、「てもらえる？」、「てもらえない？」が含まれている発話例の音声を聞いてもらう。たとえば、「作ってくれる？」、「作ってくれない？」、「作ってもらえる？」、

「作ってもらえない?」という話し手が聞き手に作ることを依頼している音声である。

　最後に、話し手が聞き手に依頼しているかどうかを判断するための「てくれる?」、「てくれない?」、「てもらえる?」、「てもらえない?」といった依頼表現の有無を聞き分ける練習問題を音声で提示する。練習問題では、(19)a.のような発話の最後に「てくれる?」、「てくれない?」、「てもらえる?」、「てもらえない?」といった表現が使われている音声か、(19)b.のような依頼を表す表現が使われていない音声を聞き、話し手が聞き手に依頼しているかどうかを選択してもらう。

(19)　a. 今度、時間あるとき、論文の検索のしかた、教えて<u>くれない?</u>
　　　b. オンラインミーティングのリンク、送って<u>くれた?</u>

　(19)a.は依頼を表す例である。「教えてくれない?」の「てくれない?」が聞きとれれば、話し手が聞き手に「教えて」と依頼していると判断できる。(19)b.は依頼を表していない例である。発話の最後に依頼の表現「てくれる?」、「てくれない?」、「てもらえる?」、「てもらえない?」がないことが聞きとれれば、話し手が聞き手に「送った?」と質問しているだけで、依頼を表していないと判断できる。

　このような練習問題を通して、話し手が聞き手に依頼しているかどうかを判断できるようにする。

4.4 他の人にしてもらうかどうかについての質問を聞きとる教材

　話し手が「買ってきて<u>もらう?</u>」と言ったとき、話し手が聞き手に依頼しているのではなく、話し手が聞き手に対して他の人にしてもらうのがいいかどうかを質問していることを聞きとる教材の作成方法について述べる。

　教材は、聞きとるためのポイントの解説、発話例、練習問題の3つを作成する。「買ってきてもらう?」といった発話が、話し手が聞き手に対して他の人にしてもらうのがいいかどうかを質問している

と判断するには、「てもらう?」を聞きとるスキルを身につける必要
がある。また、形は似ているが、聞き手への依頼を表す表現「てく
れる?」、「てくれない?」、「てもらえる?」、「てもらえない?」と聞き
分ける必要がある。最初に、話し手が聞き手に対して他の人にして
もらうのがいいかどうかを質問していると判断する聞きとりのポイ
ントを(20)のように文章で解説する。

(20)　発話の最後に「てもらう?」が使われているとき、話し手が
　　　　聞き手に対し、他の人にしてもらうのがいいかどうかを質問
　　　　しています。

　聞きとりのポイントの解説の後に、耳で聞いて、他の人にしても
らうのがいいかどうかの質問を表す表現が確認できるように、「て
もらう?」が含まれている発話例の音声を聞いてもらう。たとえば、
「行ってもらう?」という話し手が聞き手に対し、他の人に行っても
らうのがいいかどうかを質問している音声である。
　最後に、話し手が聞き手に対して他の人にしてもらうのがいいか
どうかを質問しているかを判断するため、他の人にしてもらうのが
いいかどうかの質問を表す表現「てもらう?」と、形は似ているが
聞き手への依頼を表す表現「てくれる?」、「てくれない?」、「てもら
える?」、「てもらえない?」を聞き分ける練習問題を音声で提示する。
(21)a.のような発話の最後に「てもらう?」が使われている音声か、
(21)b.のような「てもらえる?」、「てもらえない?」といった表現が
使われている音声を聞き、話し手が聞き手に対して他の人にしても
らうのがいいかどうかを質問しているか、聞き手に依頼しているか
を選択してもらう。

(21)　a. 土曜日のバイト、代わってもらう?
　　　　b. 前に言ってたお店、今度行くとき、誘ってもらえる?

　(21)a.は他の人にしてもらうのがいいかどうかの質問を表す例で
ある。「代わってもらう?」の「てもらう?」が聞きとれれば、話し

手が聞き手に対し、他の人にバイトを代わってもらうのがいいかど
うかを質問していると判断できる。(21)b. は依頼を表す例である。
「誘ってもらえる?」の「てもらえる?」が聞きとれれば、話し手が
聞き手に「誘って」と依頼していると判断できる。

　このような練習問題を通して、話し手が聞き手に対して他の人に
してもらうのがいいかどうかを質問していると判断できるように
する。

5. まとめ

　ここまで、雑談を聞く教材の作成方法について説明してきた。雑
談を聞く教材を作成するには、(22)から(24)の方針で作成するとよ
い。

(22) 「おもしろくない?」が、イントネーションの違いによって
　　　「おもしろくないですか」と質問を表す場合と、「おもしろい
　　　ですよね」と同意求めを表す場合があるように、イントネー
　　　ションの違いによって発話の意図が異なることがある。その
　　　ため、イントネーションの違いを聞きとり、発話の意図が判
　　　断できる教材を作成する。
(23) 「家庭教師しかやってない」が、「ない」といっしょに「しか」
　　　が使われていると、「家庭教師をやっている」という肯定の意
　　　味を表すように、「ない」があってもいっしょに使われる表現
　　　によって肯定の意味を表すことがある。そのため、「ない」と
　　　いっしょに使われる肯定を表す表現を聞きとり、肯定か否定
　　　かを判断できる教材を作成する。
(24) 「新年会、参加できないんだって」が、伝聞を表す表現「だ
　　　って」から、「参加できない」のは「その前に話題に出てきた
　　　人」であることがわかるように、伝聞表現の有無によって誰
　　　の話かを特定することがある。このような伝聞を表す表現や
　　　授受表現などを聞きとり、省略された人物が誰かを判断する

教材を作成する。

　雑談を聞く教材においては、(22)から(24)のような方針で作成すれば、学習者が話し手の意図を理解することができるようになる。

（吉川景子）

調査資料

『聞いて覚える話し方 日本語生中継・初中級編1』, ボイクマン総子・宮谷敦美・
　小室リー郁子, くろしお出版, 2006
『聞いて覚える話し方 日本語生中継・中〜上級編』, 椙本総子・宮谷敦美, くろ
　しお出版, 2004

第4部

講義

を聞く教材

講義で話される内容と表現

1. 講義で話される内容と表現の特徴

　講義は専門的な話を講師が一方的に話し続ける独話である。ある専門分野の基礎的な知識をわかりやすく説明することが目的であり、ある物事についての定義、由来、意味、内容などの説明がされる。

　これまでの講義の研究では主に、佐久間まゆみ(2010)などの談話構造の分析や、平尾得子(1999)、坂本恵・寅丸真澄(2019)などの講義の聴解という点からの分析が行われてきた。講義で用いられる表現については、石黒圭(2010)の講義での接続表現の分析など、ある文法表現が講義の中でどのように使われているかを扱ったものがある。しかし、講義で特徴的に見られる表現に着目したものは少ない。

　そこで、講義の中でどのような表現が使われているのかについて調査した。調査結果によると、講義で話される内容と表現には(1)から(4)の特徴がある。

(1)　　講義には決まった流れがある。
(2)　　講義の開始部から中心部(本題の具体的説明の部分)に入ることを示す表現がある。
(3)　　講義の中心部で具体的な説明をする際によく使われる表現がある。
(4)　　講義の終了部(締めくくりの部分)に入ることを示す表現がある。

　(1)については3.で、(2)については4.で、(3)については5.で、(4)については6.で詳しく述べる。

2. 調査概要

　講義の分析にはOpen Course Ware (OCW)として公開されている講義を用いた。分析した講義は文字おこしを行った。調査資料の概要を表1に示す。

表1：調査資料

分野	調査資料名
歴史学	歴史とは何か（学術俯瞰講義）第11回
法学	著作権セミナー―教育活動と著作権
法学	著作権の必須知識を今日90分で身につける！
経済学	「青い鳥」はいるか―経済学で考える（学術俯瞰講義）第1回、第2回
心理学	心理学基礎論I（思想と歴史）第2回、第3回、第4回、第6回
教育学	フィンランドの教えない教育　2/6、6/6
生物学	生命科学概論
生物学	N1：生命科学（A）
脳科学	睡眠・覚醒の謎に挑む

3. 講義の流れ

　講義の話の展開としては、開始部と中心部、そして終了部の大きく3つの部分から構成される。

　開始部ではその日の講義のテーマが示される。その他に、前回の講義内容を振り返ったり、他の講義とその日の講義の位置づけが示されたりすることもある。講義のテーマは冒頭や途中で示されることもあるが、その日の講義で何について話すかを示して開始部が締めくくられることが多い。

　中心部は具体的な説明がなされる部分である。ここでは、専門的な用語が提示され、定義や意味、条件について説明される。1つの話題ごとに、それまでに説明した内容をまとめたり、質問の有無を確認したりして、次の話題に移ることが多い。

終了部ではその日の講義のまとめが話される。次回の講義の予告が行われたり、質問が受け付けられたりすることもある。

　講義の流れを図1に示す。図1の【開始部】と【終了部】にかっこで示したものは、講義で話されないことがあるものである。また、【中心部】に示した(1)から(3)の番号は順序を表す。

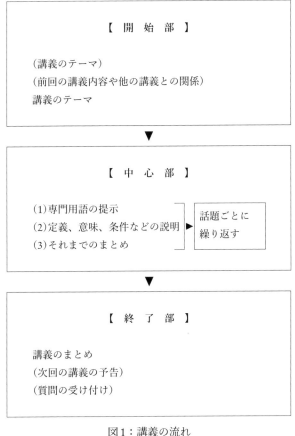

図1：講義の流れ

4. 開始部から中心部への切り替わりを示す表現

　講義が開始部から中心部に入るときに用いられる表現がある。ま

ず、切り替わりの直前、つまり、開始部の最後にはその日の講義の
テーマや内容が述べられる。その後、切り替わりを示す表現が用い
られて中心部に入る。このときの表現には大きく分けて3つのパタ
ーンがある。

(5) 「〜とは何か」が用いられる
(6) 「まず」「初めに」「最初(に)」などが用いられる
(7) 「早速ですが」が用いられる

　まず、(5)の「〜とは何か」という問いかけを用いて中心部に入
る例を示す。(8)は生命科学の講義で、今回の講義では「脳の性の
話をします」と述べた後、「脳の性って何だ」と問いかけて中心部の
説明に入っている。

(8) それで、今日は、あの、今までの話と関連はありますけども、
　　 あの、脊椎動物、とくに哺乳類、人を中心に話しますけれど
　　 も、脳の性の話をします。脳の性って何だ。最初に、あの、
　　 クエスチョンっていうかなあ。皆さん、自分で、男だと思う
　　 か女だと思うか意識したことあります？(N1：生命科学(A))

　(8)のように直接問いかける他に、「〜とは何かというと」と話題
を提示して話が進められることもある。
　次に、(6)の「まず」が用いられる例を示す。(9)は、心理学の講
義で、直前にその日の講義でどのような話をするかが述べられてい
る。講義の概略を示した後で、「まず」と述べて、最初のテーマであ
る「心というコトバについて」の説明に入っている。

(9) 今日は1ということで、心と心理学という話です。(中略)3
　　 つぐらいやります。(中略)で、まず、その、心ということば
　　 ですが、誰もが心ということばには非常に強い思いがある。
　　 心というのは何よりも大切なものだっていうふうに生きてい
　　 るわけですが、考えてみよう。心ってどういう意味？何それ？

そういう問題。　　（心理学基礎論Ⅰ（思想と歴史）第2回）

　他にも、「初めに」や「最初のスライドですが」などが用いられることもある。また、「まず」と「初めに」、「最初に」が組み合わされた「まず初めに」や「まず最初に」が用いられることもある。さらに、(5)の「〜とは何か」と組み合わされて、「まず、〜とは何か」のように用いられることもある。

　次の(10)は(7)の「早速ですが」が使われる例である。(10)は教育学の講義で、「（フィンランドのことを）今日お話をさせていただければと思います」と述べた後、「早速なんですけども」と言って中心部の話に入っている。

(10)　（前略）この亡きキクガワさんの遺志を少しでもついでですね、私もフィンランドのことを少し、ご紹介したいと、意味を込めて、今日お話をさせていただければと思います。<u>早速なんですけども</u>、なぜフィンランドかということはですね、今、天野先生のほうからご紹介ありましたけれども、学力が高いということで非常に有名なわけですね。

　　　　　　　　　　　　　（フィンランドの教えない教育(2/6)）

　このように、講義の開始部から中心部に変わるときは、講義のテーマや内容が述べられた後、疑問文で話題の導入が行われたり、「まず」や「早速ですが」などの表現を用いて話題が移行したりするという特徴が見られる。

5. 講義の中心部で説明をする際に使われる表現

　講義の中心部で具体的な説明をする際には、(11)から(14)の表現を使い、進められることが多い。

(11)　専門用語を説明する表現

(12) 対比を表す表現

(13) 言い換えを表す表現

(14) 条件を表す表現

　(11)については5.1で、(12)については5.2で、(13)については5.3で、(14)については5.4で、詳しく述べる。

5.1 専門用語を説明する表現

　講義の中心部では、専門用語を説明する表現を用いて、用語が提示され、解説されることが多い。専門用語を説明する表現が用いられている例には(15)がある。

　(15)は生命科学の講義で、ホルモンについて説明している場面である。(15)のように、まず、「エストロゲン」「プロゲステロン」という2つの専門用語を提示する際に、専門用語を説明する「って」が用いられる。その後、専門用語を詳細に説明する際に、「っていうのは」の形式で再度専門用語を説明する表現が使われる。

(15)　エストロゲンってホルモンと、プロゲステロンってホルモン
　　　があります。エストロゲンっていうのは女性を女性化させる
　　　っていうホルモンですね。で、排卵とかそういうふうなこと
　　　を促します。で、プロゲステロンっていうのは、これはおお
　　　ざっぱに言うと妊娠を維持するホルモンですね。

　　　　　　　　　　　　　　　　　　　　　　　　（生命科学概論）

　他にも、専門用語を提示する際に「という」「っていう」という表現が用いられたり、専門用語を説明する際に「というのは」という表現が用いられる。このように、講義の中心部では「って」などの表現を用いて専門用語が提示され、その後ろで「っていうのは」などの表現を用いて専門用語について説明される。

5.2 対比を表す表現

　講義の中心部では、対比を表す表現を用いて事象について説明されることがある。対比を表す表現は大きく(16)と(17)のパターンで使われる傾向がある。

(16)　2つの異なるものについてどのような違いがあるのかを対比
　　　するとき、「に対して」や「一方」という表現が使われる
(17)　1つのものについてどのような異なる側面を持つのかを対比
　　　するとき、「逆に」や「一方」という表現が使われる

　まず、2つの異なるものについて違いを対比する(16)の例として(18)(19)があげられる。
　(18)は生命科学の講義で、2種類のホルモンの性質について比較している場面である。(18)では、「に対して」を用いて、「アドレナリン」「成長ホルモン」「インシュリン」は水に溶けるが、一方の「ステロイドホルモン」は水に溶けないことを対比させて説明している。

(18)　アドレナリンも成長ホルモン、インシュリンもよく水に溶け
　　　ます。それに対して、ステロイドホルモン、これは実は油の
　　　ほうの、油によく似たホルモンで、あまり水に溶けません。
　　　　　　　　　　　　　　　　　　　　　　　　（生命科学概論）

　また、(19)は著作権の講義で、著作者が持っている2つの権利の保護期間について比較している場面である。(19)では、まず、「人格権」は著作者が亡くなった後も侵害してはならないという規定があるものの、保護期間としては著作者が亡くなるまでとされていることが説明されている。その後で、「一方」を用いて、「著作権」は著作者が亡くなった後50年と定められていることをあげ、「人格権」と「著作権」の保護期間の違いを比較して述べている。

(19)　が、あの保護期間はですね、人格権のほうは、一身専属とい
　　　うことになってますので死んだらなくなるという形にはなっ
　　　てるんですが、著作者が死んじゃったからどうやったっていい
　　　いというのはおかしいということで、(中略)死んだ後もやっ
　　　ちゃいけませんよという規定が置かれています。それから、
　　　一方、財産的な権利である著作権は、原則は、あのまあ作っ
　　　たら、あのー権利は発生してるんですが、著作者の死後50
　　　年までです。　　　　　　　　　　　　　　（著作権セミナー）

　次に、1つのものについて異なる側面を対比する(17)の例として
(20)(21)があげられる。
　(20)は教育学の講義で、「太陽」という1つの天体に見られる「白
夜」と「カーモス」という相反する現象について説明している場面
である。(20)では、まず、「太陽」について「夏は太陽が沈まない」
ことを表す「白夜」の説明がされている。その後で、「逆に」を用い
て、「冬は太陽が昇ってこない」ことを表す「カーモス」が述べられ、
「白夜」と「カーモス」という異なる現象が対比的に示されている。

(20)　この北極圏では夏には太陽が沈みません。白夜という現象で
　　　すね。逆に、冬、冬至のときですけれども、太陽は昇ってき
　　　ません。カーモスと呼ばれます。
　　　　　　　　　　　　　（フィンランドの教えない教育(2/6)）

　また、(21)は心理学の講義で、「行動心理学」という1つのものに
ついて、「いい面と悪い面」の二面性を説明している場面である。
(21)では、まず、「いい面」として、「方法論がすごい洗練されたも
のになった」「科学的な臨床心理学の基盤になった」ということがあ
げられている。その後で、「一方」を用いて、「悪い面」として「研
究対象の貧困化」があることが説明され、「いい面」と「悪い面」の
二面性が対比的に述べられている。

(21)　今やってるのは、行動主義心理学という話。(中略)でこれは、

今、画面に書いてありますが、いい面と悪い面がありました。(中略)科学として格段に洗練された、方法論がすごい洗練されたものになった。これはまちがいない、ね。あとスキナーの行動療法の始まりがあって、科学的な臨床心理学の基盤になった。(中略)一方、だめな面もあってですね、そのだめな面の最たるものは、研究対象の貧困化ってことがありました。

（心理学基礎論 I（思想と歴史）第6回）

　このように、講義の中心部では、「に対して」「一方」という表現を用いて2つの異なるものが対比されたり、「逆に」「一方」という表現を用いて1つのものについて対比されたりする。

5.3 言い換えを表す表現

　講義の中心部では、言い換えを表す表現を用いて事象について説明されることがある。言い換えを表す表現は大きく(22)と(23)のパターンで使われる。

(22)　専門用語や抽象的なレベルでの説明をわかりやすい表現で言い換える
(23)　要点をまとめて言い換える

　まず、専門用語をわかりやすい表現に言い換える(22)の例として(24)があげられる。
　(24)は生命科学の講義で、専門用語を説明している場面である。(24)では、普段頻繁に使われることばではない「全身倦怠」という用語を、「つまり」の後で「へなへな〜となっちゃう」「パワーが出ない」と、身近な表現を用いてわかりやすく言い換えている。

(24)　で、それが足りないと、全身倦怠、つまり、またこれもへなへなへな〜となっちゃうんですね。パワーが出ない。

（生命科学概論）

次に、要点をまとめて言い換える(23)の例として(25)があげられる。
　(25)は教育学の講義で、学力の差について説明している場面である。(25)では、「学力の高い子はそれなりにいるが、学力の低い子が増えてきている」ということを、「要するに」の後で「二極化が進んでいっている」と要点をまとめて言い換えている。

(25)　日本はですね、学力の高い子はそれなりにいるんですけども、学力の低い子が今、増えてきている。要するに、二極化が進んでいってるってことが、PISAの結果などからわかってきています。　　　　　　　　（フィンランドの教えない教育(2/6)）

　このように、講義の中心部では、「つまり」「要するに」という表現を用いて、専門用語や抽象的なレベルでの説明をわかりやすく言い換えたり、要点をまとめて言い換えられる。

5.4 条件を表す表現

　講義の中心部では、条件を表す表現を用いて、科学的なしくみや法律の成立条件などについて説明されることが多い。条件を表す表現には(26)と(27)の特徴がある。

(26)　生物学や神経科学などの理系の講義では「と」がよく使われる
(27)　法学や心理学、教育学などの文系の講義では「ば」「たら」がよく使われる

　まず、理系の講義で「と」が使われている(26)の例として(28)があげられる。
　(28)は生命科学の講義で、ホルモンの性質について説明している場面である。(28)では、「と」を用いて、「インシュリン」が不足した条件下では「高血圧、糖尿病」になることが説明されている。

(28)それからインシュリン、これが足りなくなると、高血糖、糖

尿病になりますね。　　　　　　　　　　（生命科学概論）

　理系の講義では、科学的なしくみや実験結果など、ある条件下での結果や実験からわかった事象が説明されることが多い。そのときに条件を表す表現が用いられ、結果に焦点を置いて述べられるため、「と」がよく使われる。

　次に、文系の講義で「ば」が使われている(27)の例として(29)があげられる。

　(29)は著作権の講義で、著作権の譲渡について説明している場面である。(29)では、「ば」を用いて、法律上著作権を譲ることができるのは譲る側ともらう側の間に合意があった場合であることが述べられている。

(29)　　さて、この著作権、譲渡することができます。えー、わたし
　　　　は、誰であれあげますよ、やーもらいましょうっていう合意
　　　　があれば、著作権を譲渡できます。
　　　　　　　　　　（『著作権の必須知識を今日90分で身につける！』）

　文系の講義では、法律の成立条件や仮定の話など、後件の事態が成立するのはどういう条件のときかが説明されることが多い。そのときに条件を表す表現が用いられ、条件の内容に焦点を置いて述べられることが多いため、「ば」「たら」がよく使われる。

　このように、講義の中心部では、条件を表す表現である「と」「ば」「たら」などが使われる。また、ある条件下での結果や実験からわかった事象について説明される理系の講義では、結果に焦点を置くため、「と」が用いられることが多い。一方、後件の事態が成立するのはどういう条件のときかについて説明される文系の講義では、条件の内容を置くため、「ば」「たら」が用いられることが多い。

6. 中心部から終了部への切り替わりを示す表現

　講義が中心部から終了部に入るときに用いられる表現がある。切り替わりを示す表現は大きく分けて2つのパターンがある。

(30)　「今日は」という表現の後で講義のまとめを述べる
(31)　講義が終わる時間になったことを述べる

　まず、(30)の「今日は」という表現の後で講義のまとめを述べる例を示す。(32)は生命科学の講義で、直前まで中心部の講義の話が続いていた。その後、「今日は」と述べて、その日の講義で「(自分の研究の話ではなくて、)教科書的な話をした」とまとめている場面である。この後、その日に配布した資料を確認し、授業を終えている。

(32)　で、今日は教科書的な話、自分の研究の話ではなくて、こういう話をしたんですけれども、私自身、生物学者が社会にどう貢献するか。生物学者の1つの役割として、新しい発見をする、新しい生物学的発見をして、価値ある情報を社会に送る。それが1つの生物学者の役割ですね。

(N1：生命科学(A))

　次の(33)は時間が来たことを示す例である。(33)は経済学の講義で、「ちょっと時間になりましたんで終えますが」と講義が終わる時間になったことを述べている。ここから終了部に入り、次回の講義の予告を行っている。

(33)　で、これでまあ、今日、ゲーム理論の話、ちょっと時間になりましたんで終えますが、次回マクロ経済学、それから金融、日本経済というふうに、まだまだ続きます。

(「青い鳥」はいるか　第2回)

時間が来たことを示すときには、(33)のように「時間になった」と述べる他に、「(残りの)時間がない」と示されることもある。また、「時間が過ぎてしまった」「時間がオーバーしてしまった」などと示されることもある。

　このように、講義の中心部から終了部に変わるときは、「今日は」という表現の後で講義のまとめを述べたり、終了時間になったことを示したりするという特徴が見られる。

7. まとめ

　講義で話される内容と表現を調査した。結果をまとめると、(34)から(37)のような特徴がある。

(34)　講義は、「講義のテーマを述べ、具体的な説明をし、最後に講義のまとめをして終わる」というように、決まった流れがある。

(35)　講義の開始部から中心部に移るときには、「～とは何か」のような問いかけや、「まず」「初めに」「最初(に)」「早速ですが」など、決まった表現が用いられる。

(36)　講義の中心部で具体的な説明をする際には、専門用語を説明する表現、対比を表す表現、言い換えを表す表現、条件を表す表現がよく使われる。

(37)　中心部から終了部へ移るときは、「今日は」という表現の後で講義のまとめを述べたり、終了時間になったことを告げるということが行われる。

　講義は、分野によって話される内容が異なる。また、話す人によって、あるいは場合によって、前回の講義内容などの開始部の一部や、次回の講義の予告などの終了部の一部が省略されることがある。しかし、開始部、中心部、終了部という大きな流れは共通しており、分野を問わず、(35)から(37)のようにそれぞれの部分でよく使われ

る表現もある。

（日比伊奈穂・高山弘子）

調査資料

「「青い鳥」はいるか―経済学で考える（学術俯瞰講義）第1回 手袋を買いに―市場理論とは？　松井彰彦」，東京大学 Open Course Ware, 2011.［https://ocw.u-tokyo.ac.jp/lecture_988/］

「「青い鳥」はいるか―経済学で考える（学術俯瞰講義）第2回 猫の事務所―ゲーム理論とは？　松井彰彦」，東京大学 Open Course Ware, 2011.［https://ocw.u-tokyo.ac.jp/lecture_989/］

「心理学基礎論 I（思想と歴史）道又爾」第2回，第3回，第4回，第6回，上智大学 Open Course Ware, 2012.［https://ocw.cc.sophia.ac.jp/lecture/20120413hps10500/］

「2017年度 特別講義「睡眠・覚醒の謎に挑む」」，筑波大学オープンコースウェア，2017.［https://ocw.tsukuba.ac.jp/course/med/the-mystery-of-sleep/］

「生命科学概論（オムニバス式）山崎岳」，広島大学 web 公開授業，2010.［http://hice.els.hiroshima-u.ac.jp/video.cgi?cid=2010_01_AN001001 &size= l&n-v=1&f=1］（現在は削除されている）

「著作権セミナー―教育活動と著作権」，KyushuUniv, 2014.［https://www.youtube.com/watch?v=rtthtKITwrI&t=7s］

「『著作権の必須知識を今日90分で身につける！』福井健策」，KeioOpenLearning, 2017.［https://www.youtube.com/watch?v=0hQBcPTRUog］

「フィンランドの教えない教育（2/6）」，北海道大学オープンコースウェア，2009.［https://ocw.hokudai.ac.jp/lecture/faculty09cationinfinland-2009?movie_id=16299］

「フィンランドの教えない教育（6/6）」，北海道大学オープンコースウェア，2009.［https://ocw.hokudai.ac.jp/lecture/faculty09cationinfinland-2009?movie_id=16296］

「歴史とは何か（学術俯瞰講義）第11回ユーラシア東西交易と更紗の道―技術・文化・人の移動 深沢克己」，東京大学 Open Course Ware, 2009.［https://ocw.u-tokyo.ac.jp/lecture_781/］

「N1：生命科学（A）」，ICU Open Course Ware, 2014.［http://ocw.icu.ac.jp/ge/gen001_2014s/］

参考文献

石黒圭(2010)「講義の談話の接続表現」佐久間まゆみ編『講義の談話の表現と
　理解』pp. 138–152. くろしお出版

坂本恵・寅丸真澄(2019)「「講義を聞く」ということ」『東京外国語大学留学生日
　本語教育センター論集』45: pp. 133–142. 東京外国語大学留学生日本語教
　育センター〔http://hdl.handle.net/10108/69554〕

佐久間まゆみ編(2010)『講義の談話の表現と理解』くろしお出版.

平尾得子(1999)「講義聴解能力に関する一考察―講義聴解の特徴と日本語学習
　者が抱える問題点」『日本語・日本文化』25: pp. 1–21. 大阪外国語大学留学
　生日本語教育センター

学習者が講義を聞く難しさ

1. 講義を聞く難しさの概要

　講義は、通常1人の話者が専門的な内容を複数の聴者にほぼ一方向で行うものである。雑談のような会話であれば話者が非母語話者であることに配慮したり、学習者が話者に話の途中で説明を求めたりすることができるが、講義では学習者が母語話者とともに専門的な話を聞くことが多く、講義の途中で理解できなかった内容をその場で講師にたずねにくい。学習者がその内容を十分に理解できていなくても、講師の話は進んでいく。そのため、学習者が専門的な講義を聞く場合、誤解や混乱をせずにその内容を適切に理解するのは難しい。

　実際に学習者に講義を聞かせて、聞く難しさについて調べた研究には、すでにいくつかの異なるアプローチで試みられたものがある。たとえば、片山智子(2009)のように講義の構造や教師の話し方の特徴から講義のわかりにくさを分析したものや、石黒圭・田中啓行(2018)のように学習者と母語話者がそれぞれ講義内容のまとまりをどう認識するかの違いを分析したもの、田中啓行(2019)のように学習者の講義を聞くときに書くノートの記述内容の傾向を分析したものなどがある。しかし、学習者が講義を聞くときに、具体的にどのような部分の理解が難しく、どのように理解を誤るのかに着目した調査はこれまで十分になされていない。

　そこで、大学教員による講義の録画映像を学習者に少しずつ視聴してもらい、理解した内容と理解できなかったところを語ってもらうことで、誤解や理解不足が起こったところを特定する調査を行った。学習者にとって理解が難しかった点は(1)から(5)のとおりで

ある。

(1)　音声が類似した語を適切に理解する
(2)　条件が含まれる文を適切に理解する
(3)　モダリティ的表現を適切に理解する
(4)　主語が誰であるかを適切に理解する
(5)　文脈から推測して適切に理解する

　(1)については3.で、(2)については4.で、(3)については5.で、(4)については6.で、(5)については7.で詳しく述べる。

2. 調査概要

　日本語学習者に講義の映像を視聴してもらい、理解した内容を自分の母語で語ってもらう調査を行った。調査の手順は、(6)から(8)のとおりである。

(6)　調査協力者は大学教員が行う大学生や高校生を対象とした講義映像の中から興味があるものを選び、その映像を視聴する。
(7)　講義を視聴する際、調査協力者は自身の判断で映像を止めて、理解した内容や理解できなかったところを自分の母語で語る。
(8)　調査協力者がどう理解したか、なぜそう理解したかがわからないときは、調査者は調査協力者に質問を行い、答えてもらう。

　調査に協力してもらったのは、(9)の条件を満たす日本語学習者48名である。

(9)　日本語能力試験N1レベル相当であること

　48名の学習者の母語は(10)のとおりである。

（10）　中国語28名、韓国語8名、ベトナム語4名、インドネシア語
　　　　3名、英語3名、スペイン語1名、フィリピン語1名

3. 音声が類似した語を適切に理解する難しさ

　学習者は、音声が類似した語を聞き分けるのが難しいことがある。
同音異義語を誤って理解したり、音声が類似した語を別の意味の語
だと誤って理解したりした例を2例示す。
　1つ目は、学習者がある語を、同音異義語の別の語だと誤って理
解した例である。
　（11）では、学習者は講師が述べた「あんまり高い創作性ではな
い」の「創作（ソウサク）」を「捜索（ソウサク）」として理解し、そ
こから意味を推測して「検索数がやや少ない」という意味だと誤解
した。

（11）　じゃ一体、どの程度なんだ。それは、あんまり高い<u>創作性</u>で
　　　　はないと言われています。むしろ、その人なりの最低限の個
　　　　性が表れてれば十分だ。
　　　　　　　　　　　　　（『著作権の必須知識を今日90分で身につける！』）

　中国語話者の学習者は「創作」をその同音異義語の「捜索」だと
誤って理解した。中国語の「捜索」は「（ネット）検索」の意味があ
る。（11）の前で講師がネット記事の著作権について解説していた
こともあり、インターネットの記事の話が念頭にあった学習者は
「創作」を「捜索」だと誤解した。さらに、「あんまり高い〜ではな
い」という程度を表す表現から、回数について述べているととらえ、
「検索数」について話していると誤解した。
　2つ目は、学習者が音声が類似した語を、別の意味の語だと誤っ
て理解した例である。
　（12）では、講師は人間が社会化する過程で習得していくものと
して「規範（キハン）」を挙げている。しかし、学習者は「規範」を

「基盤(キバン)」だと誤って理解した。

(12)　社会化とは人間が年齢に応じて自分の属する社会に適応して
　　　いくために、その社会の規範や価値、その社会が必要とする
　　　知識や技能、その社会が要請する行動の仕方などを習得する
　　　過程です。　　　　　（「放送大学専門科目　社会学の考え方」）

　韓国語話者の学習者は「ハ」と「バ」を混同し、「規範(キハン)」
を「基盤(キバン)」だと誤解した。韓国語のような清音と濁音を区
別しない言語を母語とする学習者にとって、「規範(キハン)」と「基
盤(キバン)」のような音声が似ている語を聞き分けることは難しい。
　このように、同音異義語や音声が類似した語を誤って理解するこ
とにより、講義の内容が適切に理解できないことがある。

4. 条件が含まれる文を適切に理解する難しさ

　学習者は、条件が含まれる文で、条件が示されていることに気づ
かないことがある。条件が含まれる文が適切に理解できなかった例
を2例示す。
　1つ目は、学習者が条件を示している文を、事実を述べた文だと
誤って理解した例である。
　(13)では、講師は初めに順接条件を表す「ば」を用いて「表れて
いれば」と言い、次に「あれば」の縮約形である「ありゃあ」と言
って、創作的な表現に該当する条件について説明している。しかし、
学習者は条件が含まれる文であることを理解できなかった。

(13)　最低限の個性が表れていればいい。その人らしいなってもの
　　　がちょっとでもありゃあいい。
　　　　　　　　　（『著作権の必須知識を今日90分で身につける！』）

　学習者は、初めの「表れていれば」はその動詞部分「表れてい

る」だけを理解し、次の「ありゃあ」もその動詞部分「ある」だけ
を理解して、条件として示されたことに気づかなかった。さらに、
2つの文を1つの文としてとらえ、「最低限の個性というのは、その
人らしいということだ」と誤って理解し、条件が示されたことを適
切に理解できなかった。

　2つ目は、学習者が逆接の仮定条件を表す「としても」を含む文
を、断定する文だと誤って理解した例である。

　(14)では、講師は、仮定条件を表す「としても」を用いて「創作
物だとしても」と言い、仮定を示している。しかし、学習者は逆接
の仮定条件であることを理解できなかった。

(14)　あの、小説全体が創作物だとしても、それで話終わりじゃな
　　　いんです。(『著作権の必須知識を今日90分で身につける！』)

　学習者は「創作物だとしても」について、「創作物」を「著作権」
という意味だと理解した。その上で、「小説全体が創作物だとして
も」という仮定を、「小説全体に著作権がある(ということは)」とい
う断定の意味で誤って理解し、仮定の条件が示されたことを適切に
理解できなかった。

　このように、条件が示されていることを理解できず、講義の内容
が適切に理解できないことがある。

5. モダリティ的表現を適切に理解する難しさ

　学習者は、モダリティ的表現の部分が聞きとれず、モダリティの
要素を含まない文として誤って理解することがある。「とする」や
「らしい」のようなモダリティ的表現が聞きとれなかった例を2例
示す。

　1つ目は、学習者が「とする」という仮定表現を含む文を、仮定
ではなく事実を述べている文だと誤って理解した例である。

　(15)では、講師は「思いついたんだとしましょう」「しゃべった

としましょう」と、「とする(としましょう)」を用いて仮定の話をしている。しかし、学習者は「思いついた」「言った」のような過去に発生した事実だと誤って理解した。

(15)　たとえば、猫の一人称で小説を書くと。天才的なアイデアですね。ここでは仮に、これは我が国が誇る夏目漱石先生が、ね、最初に、世界で<u>思いついたんだとしましょう</u>。猫の一人称で小説を書こうと思うんだよ僕はと。これを彼が、当時仲の良かった正岡子規に<u>しゃべったとしましょう</u>。
　　　　　　　　　　　（『著作権の必須知識を今日90分で身につける！』）

　(15)では、「としましょう」の前に、「思いついた(んだ)」「しゃべった」のように、「～た」の形の動詞がある。学習者は「としましょう」が聞きとれなかったため、「思いついた(んだ)」「しゃべった」という「～た」の形の動詞から、過去に発生した事実だと誤解した。
　2つ目は、学習者が「らしい」という伝聞を表す表現を含む文を、単なる過去の出来事を表す文だと誤って理解した例である。
　(16)では、講師は「心配になっちゃったらしい」「不安が高まったらしくて」と、「らしい」を用いて、他の誰かから聞いた話であることを示している。しかし、学習者は「心配になった」「不安が高まった」のように過去に起こった事実だと誤って理解した。

(16)　で、各自治体がこう<u>心配になっちゃったらしい</u>んですよ。で、地図とか無断で転載してていいのか、こう検討を始める。で、そしたらこう、どうも厳密に言うと、だめかもしれないっていう<u>不安が高まったらしくて</u>、そうするとねー真面目ですから、一気に、全部削除したりするんですよ。
　　　　　　　　　　　（『著作権の必須知識を今日90分で身につける！』）

　(16)には、「らしい」の前に、「心配になっちゃった」「不安が高まった」のように、「～た」の形がある。しかし、学習者は「らしい」が聞きとれなかったため、「心配になっちゃった」「不安が高まった」

という「〜た」の形から、過去に発生した出来事だと誤解した。

このように、モダリティ的表現が聞きとれず、モダリティの要素を含まない文だと誤って理解し、講義の内容が適切に理解できないことがある。

6. 主語が誰であるかを適切に理解する難しさ

学習者は、話の中に複数の人物が出てきた場合に、主語が誰であるかを適切に理解できないことがある。誰について話されているのかが適切に理解できなかった例を2例示す。

1つ目は、学習者が「私」という主語を、話の中に出てきた別の人だと誤って理解した例である。

(17)では、講師は、大学院時代の恩師や研究室のメンバーについて、当時の写真を見せながら説明をしている。講師は、1文目で2人の恩師(山本研二郎先生と三浦先生)に教えてもらったことを説明し、2文目で講師自身の外見について話している。どちらの主語も講師自身を表す「私」である。しかし、学習者は2文目の主語を、「私は」と明示されているにもかかわらず、「恩師」だと誤って理解した。

(17)　で、この大阪市立大学の薬理学というところに入って、ここにあります、山本研二郎先生と、それから三浦先生という2人の先生に、すばらしい先生に教えてもらいました。私はここにいますが、ま、今とあんまり変わっていないかもしれません。髪の毛が今よりもうちょっとあったかもしれないけれども、そんなに基本的には変わっていないと思います。

(「人間万事塞翁が馬」)

学習者は、2文目以降の主語を1文目に登場した2人の恩師だと推測し、「2人の恩師の髪の毛が今も変わっていない」という意味だと誤って理解した。

2つ目は、学習者が「各自治体」という主語を、話の中には出てきていない人だと誤って理解した例である。

　(18)では、講師は、ある会社でサイトの著作権を巡って騒動が起きた「あの頃」、各自治体が他社の地図を転載していることが著作権の侵害に当たるのではないかと不安になり、自治体のホームページから地図をすべて削除したという事例を紹介している。ここで省略されている3、4文目の主語は2文目と同じ「各自治体」である。しかし、学習者は3文目の主語を「みんな」、4文目の主語を「地図の著作権を持っている人」だと誤って理解した。

(18)　　で、あの頃から、著作権真面目に考えなきゃなっていうのが、
　　　　一段また社会の中で高まりましてね。で、各自治体がこう心
　　　　配になっちゃったらしいんですよ。で、地図とか無断で転載
　　　　してていいのか、こう検討を始める。で、そしたらこう、ど
　　　　うも厳密に言うと、だめかもしれないっていう不安が高まっ
　　　　たらしくて、そうするとね一真面目ですから、こう一気に、
　　　　全部削除したりするんですよ。

　　　　　　　　　　　　　　　（『著作権の必須知識を今日90分で身につける！』）

　講師は、(18)の前で、ある会社が前年に著作権のことで騒ぎになったことに触れている。そして、(18)の1文目で社会全体の話をした後で、2文目から「各自治体」を主語にした個別の話に戻っている。主語が省略されている3文目の「検討を始める」と4文目の「削除したりする」の主語も「各自治体」である。しかし、学習者は、3文目の「検討を始める」の主語を1文目の話から「社会の中の人々」だと誤って理解し、4文目の「削除したりする」の主語を、地図を削除するのは地図の著作者だろうと考え、「地図の著作権を持っている人」だと誤って理解した。3文目、4文目とも、社会全体の話が続いているという想定から内容を理解しようとしたために推測を誤ったと考えられる。

　このように、話の中に複数の人物が出てきた場合に、主語がどの人物かを適切に理解できないことや、話に出てきていない人を主語

であるとして誤って理解することがある。

7. 文脈から推測して適切に理解する難しさ

　学習者は、はっきり聞きとれなかった部分を、誤った推測から理解しようとすることによって、講義の内容を適切に理解できないことがある。誤った推測をすることによって、適切に理解できなかった例を2例示す。

　1つ目は、学習者が肯定の意味を、推測によって否定の意味だと誤って理解した例である。

　(19)では、講師は、法律の知識が乏しい学生に向けて民事と刑事の違いを「説明しておく」と言っている。しかし、学習者は「そんなに詳しくは説明しません」という否定の意味だと誤って理解した。

(19)　　うー、法律をあまり学んでないというかたのためにこの区別
　　　　を、ご説明しておくと、民事っていうのは、ざっくり言えば、
　　　　個人が個人を訴えてくるんです。
　　　　　　　　　　　　　　（『著作権の必須知識を今日90分で身につける！』）

　学習者は、聴衆である学生が法律を詳しく学んでいないため、「講師はそんなに詳しくは説明しない」という意味だと誤解した。講師は「ご説明しておくと」の部分をやや早口で小さな声で発話していて、音声として聞きとりにくい部分となっていたが、日本語母語話者ならば通常聞きとれる程度のものであった。学習者は、この部分をはっきりとは聞きとれず、「法律の専門ではない学生に詳しく説明する必要はないという意味だろう」という推測から意味を補おうとした結果、「詳しくは説明をしない」と言っていると誤って理解した。

　2つ目は、学習者が否定の意味を、推測によって肯定の意味だと誤って理解した例である。

　(20)では、講師は、振り付け師とダンサーがけんかしたという

仮定の話をしている。講師は振り付け師がダンサーに、（自分の）著作物である振り付けを使って「踊らないでね」と言ったと、否定の意味を示している。しかし、学習者は「振り付けを使ってほしい」という肯定の意味だと誤って理解した。

(20) だからあの、振り付けを作った、たとえばパパイヤ鈴木さんとかね、ラッキィ池田さんと、それを踊っているダンサーとかあるいはAKBとかね、こういう人たちが、こうけんかをした場合、僕の振り付けはもう<u>踊らないでね</u>って言われるとー、理論上は踊れません。

（『著作権の必須知識を今日90分で身につける！』）

　学習者は、振り付け師がダンサー等に「絶対私の振り付けを使ってね」と無理に押しつけたことが原因で、けんかになったという意味だと誤解した。講師が「僕の振り付けはもう踊らないでね」という振り付け師の台詞部分をトーンを変え若干早口で話したため、学習者はこの部分をはっきりとは聞きとれなかった。講師はけんかの原因について説明していないが、学習者は、「けんかの原因は振り付けの著作権を持つ振り付け師が、ダンサーに自身の振り付けを無理に押し付けていることにある」という推測から意味を補おうとした結果、誤って理解した。
　このように、聞きとりにくかった部分を推測で補うときに、肯定の意味を否定の意味だと誤解したり、反対に、否定の意味を肯定の意味だと誤解したりして、講義の内容を適切に理解できないことがある。

8. まとめ

　学習者が講義を聞く難しさについて調査した。その結果をまとめると、(21)から(25)のような講義を聞く難しさが見られた。

(21) 音声が類似した語を聞き分けるのが難しい。たとえば、「創作(ソウサク)」を同音異義語の「捜索(ソウサク)」と聞きとり、「規範(キハン)」を清濁音の違いを区別せず「基盤(キバン)」と聞きとることで、文全体の意味を誤解し、講義の内容が適切に理解できないことがある。

(22) 条件が含まれる文を理解することが難しく、実際に過去にあったことを表す文だと誤って理解することがある。たとえば、「ば」のような条件を示す表現や、「ありゃあ」のような条件の縮約形、「としても」のような逆接の仮定条件を表す表現が含まれる文を理解するのが難しく、事実や断定を表していると誤解し、講義の内容が適切に理解できないことがある。

(23) モダリティ的表現を理解することが難しく、モダリティの要素を含まない文だと誤って理解することがある。たとえば、「としましょう」のような仮定を表す表現や、「らしい」のような伝聞を表す表現を理解できず、その表現の直前の「思いついた」など「〜た」を含む動詞の形から、単なる過去の出来事を表す文だと誤って理解し、講義の内容が適切に理解できないことがある。

(24) 主語を特定することが難しく、主語を誤って理解することがある。たとえば、話の中に複数の人物が出てきた場合に、主語がどの人物かを適切に特定できなかったり、話に出てきていない人を主語だと誤解したりすることで、講義の内容が適切に理解できないことがある。

(25) はっきり聞きとれなかった部分を適切に推測して補うことが難しく、誤った推測をして意味を誤解することがある。たとえば、「説明しておく」という部分を文脈から推測して、肯定の意味であるところを「説明しない」という否定の意味だと誤解したり、「踊らないで」という部分がはっきり聞きとれず、否定の意味であるところを「踊ってほしい」という肯定の意味だと誤解したりすることで、講義の内容が適切に理解できないことがある。

学習者が講義を聞く際には、(21)から(25)のような難しさがあり、これらの点で適切に理解できないことがある。

（久保輝幸・高山弘子）

調査資料

「『著作権の必須知識を今日90分で身につける！』福井建策」, KeioOpenLearning, 2017.〔https://www.youtube.com/watch?v=0hQBcPTRUog〕

「第26回京都賞　高校生特別授業『人間万事塞翁が馬』　京都大学iPS細胞研究所所長　山中伸弥教授」, Kyoto U OCW, 2012.〔https://ocw.kyoto-u.ac.jp/course/188/〕

「放送大学専門科目　社会学入門」「第1回　社会学の考え方　森岡清志」（放送大学テレビ科目）

参考文献

石黒圭・田中啓行(2018)「日本語学習者の講義理解に見られる話段と中心文―人文科学系講義の理解データの分析から」『表現研究』108: pp. 49–58. 表現学会

片山智子(2009)「留学生と専門講義―講義理解の支援方法」『立命館経済学』57: pp. 753–765. 立命館大学経済学会

田中啓行(2019)「講義中に示された具体例に対する日本語学習者の理解の様相の分析―中国語、ベトナム語母語話者のノートテイキングから」『専門日本語教育研究』21: pp. 29–36. 専門日本語教育学会

講義を聞く教材の作成

1. 講義を聞く教材の作成方針

　講義を聞く教材は、日本語の聴解教材の中では比較的古くから開発が進められてきた。留学生を中心にニーズが高かったからだと考えられる。古いものとしては『講義を聞く技術』(1988)があり、新しいものとしては『動画で学ぶ大学の講義』(2019)がある。

　講義を聞く教材の作成についての研究も、坂本恵・中村則子・大木理恵・田代ひとみ(2012)や坂本恵・寅丸真澄(2019)がある。これらは『動画で学ぶ大学の講義』をはじめとする東京外国語大学留学生日本語教育センターの聴解教材の開発に関するものである。

　これまでに開発された講義を聞く教材は、さまざまなテーマの講義に似せた音声を聞いて、問題に答える形を基本にしている。その問題は、質問の音声を聞いて、その内容が講義で述べられた音声の内容と合っているか違っているかを答えるものや、講義の内容についての質問があり、その答えを日本語で書くものが多い。そのほか、講義の内容について学習者どうしで話し合う「会話」の課題や、講義の内容を要約する「作文」の課題が入っていることも多い。

　このような聴解教材は、どうすれば聞いた内容を理解できるようになるのかという情報が示されていない。「勘のよい」学習者はそのような情報がなくても自然に聴解能力が向上するが、そうでない学習者はなかなか聴解能力が向上しない。

　今後は、どうすれば聞いた内容を理解できるようになるのかという情報が示されており、その情報を活用して聞いた内容を理解する練習が提供されている聴解教材の開発が必要になる。具体的には、たとえば(1)から(4)のような教材の開発である。

(1)　　専門用語の意味を聞きとる教材
(2)　　専門用語に関連した語句の意味を理解する教材
(3)　　対比の構造をとらえる教材
(4)　　仮定条件が含まれている内容を理解する教材

　(1)については2.で、(2)については3.で、(3)については4.で、(4)については5.で扱う。

2. 専門用語の意味を聞きとる教材

　講義では専門用語がよく使われる。その用語の意味がわからないと、講義の内容は理解できない。しかし、講義の受講者の多くが知らないような専門用語は、講義の中でその用語の意味が説明される。そのため、講義を聞く教材では、専門用語の意味の説明を聞きとる教材を作る必要がある。
　講義では、専門用語は主に(5)か(6)の方法によって説明される。

(5)　　専門用語の定義：「［専門用語］というのは、〜です。」など
(6)　　専門用語の言い換え：「［専門用語］、つまり〜」など

　(5)のような定義を聞きとる教材については2.1で、(6)のような言い換えを聞きとる教材については2.2で述べる。

2.1 専門用語の定義を聞きとる教材

　専門用語の定義は、その話題に入って最初に行われるものである。たとえば(7)のようなものである。

(7)　　プロスタグランジンというのは、赤ちゃんを産むときに作用
　　　　するホルモンです。早く出産させたいときに使います。

(7)の最初の文は(8)のような構造になっている。

(8)　［専門用語］というのは、［カテゴリーの中のどのようなもの
　　かを説明する修飾部分］［カテゴリー名］です。

　よくわからない用語の後に「というのは」や「っていうのは」が
出てくれば、そのすぐ後でその用語の定義が行われる。「です」や
「のことです」「を言います」の前には［カテゴリー名］があり、その
用語がどのようなカテゴリーに属する用語なのかが述べられる。専
門用語が動作やできごと、状態の場合は［カテゴリー名］ではなく
「こと」になる。［カテゴリー名］や「こと」の前にはそれを修飾す
る部分があり、その用語がどのようなものを指すのかが説明される。
　聴解教材としては、(9)から(11)のような段階を踏んで専門用語
の定義を理解できるようにするのがよい。

(9)　「というのは」といった音声から、これから専門用語の定義
　　が述べられると判断する。
(10)　「です」などの前の音声から、専門用語が属するカテゴリー
　　名を聞きとる。
(11)　カテゴリー名の前の音声から、専門用語の意味を聞きとる。

　最初に、(9)の段階では、「というのは」や「っていうのは」とい
う音声が聞こえたら、これからその前にある専門用語の定義が述べ
られるという説明をする。そして、(12)のように「というのは」や
「っていうのは」が入っている音声と、(13)のように入っていない
音声を聞いて、入っているときにだけ、これから定義が述べられる
と判断する練習を行う。

(12)　追い貸しっていうのは、借りたお金を返済できなくなった企
　　業に、銀行がさらにお金を融資することです。
(13)　追い貸しは銀行にとってメリットがないように思うかもしれ
　　ませんけど、そうでもないんです。

次に、(10)の段階では、「です」や「のことです」「を言います」の直前でその専門用語のカテゴリー名が述べられているという説明をする。そして、(14)のような音声を聞いて、その音声に出てくる専門用語がどのようなカテゴリーに属するものかを判断する練習を行う。(14)の最初の文であれば、「ベクレルは単位を表す」ということを理解できるようにするということである。

(14)　ベクレルっていうのは、放射能の量を表す<u>単位</u>です。1秒間に原子核が何回崩壊して放射線を出すかを表します。

　また、「ことです」や「ことを言います」の直前に動詞や形容詞があれば、その専門用語は動作やできごと、状態を表すものだという説明をする。そして、(15)のような音声を聞いて、「ペイオフは支払うことだ」ということを理解する練習を行う。

(15)　ペイオフというのは、銀行が破綻したときに預金保険機構が一定額までを銀行に代わって預金者に<u>支払うこと</u>です。

　最後に、(11)の段階では、カテゴリー名や「こと」の前でその用語がどのようなものを指すのかが詳しく述べられているという説明をする。そして、(14)や(15)のような音声を聞いて、「放射能の量を表す」や「銀行が破綻したときに預金保険機構が一定額までを銀行に代わって預金者に」の部分の意味を理解する練習を行う。
　講義中に専門用語を辞書などで調べるのは難しいので、ここで示したような説明と練習によって講義中に説明される専門用語の定義を聞きとれるようになる教材が必要である。

2.2 専門用語の言い換えを聞きとる教材

　それぞれの講義にとって重要な専門用語は2.1で見たような形で定義されることが多いが、それ以外の専門用語はその用語が出てきたときにわかりやすく言い換えられることがある。たとえば(16)

のようなものである。

(16)　今年の猛暑は、<u>ラニーニャ、つまり、太平洋のペルー沖の海</u>
　　　<u>水温が低い状態が続くことですが</u>、その影響もありそうです。

　(16)は「ラニーニャ」という専門用語の言い換えがなければ、
(17)になっていたはずである。(16)は(17)の「ラニーニャ」の後に
「ラニーニャ」の言い換えである(18)が加わった構造になっている。

(17)　今年の猛暑は、<u>ラニーニャ</u>［　　］の影響もありそうです。

(18)　<u>、つまり、太平洋のペルー沖の海水温が低い状態が続くこと</u>
　　　<u>ですが、そ</u>

　よくわからない用語の後に短いポーズがあり、「つまり」や「これ
は」が出てくれば、そのすぐ後でその用語がわかりやすく言い換え
られる。言い換えが終わると、「ですが」と短いポーズによって言い
換えが終わったことが示される。ただし、「つまり」が使われない場
合や「ですが」が使われない場合もある。
　聴解教材としては、(19)と(20)のような段階を踏んで専門用語の
言い換えを理解できるようにするのがよい。

(19)　「つまり」や「これは」といった音声から、これから専門用語
　　　の言い換えが行われると判断する。
(20)　専門用語を言い換えている部分の音声から、専門用語の意味
　　　を聞きとる。

　最初に、(19)の段階では、文の後ではなく、専門用語の後で「つ
まり」という音声が聞こえたら、これからその用語の言い換えが行
われる可能性が高いという説明をする。また、専門用語の後に短い
ポーズがあり、その後やや低いトーンになれば、言い換えが始まる
可能性が高いという説明をする。そして、(16)のように専門用語の

言い換えが行われている音声と、(21)のように文全体の言い換えが行われている音声を聞いて、それぞれの音声で専門用語の言い換えが行われているかどうかを判断する練習を行う。

(21)　売上高は年々増えていますが、営業利益はむしろ減っていますね。つまり、もうかっていないということです。

　　次に、(20)の段階では、「つまり」や「これは」や短いポーズの後から「ですが」や短いポーズの前までが言い換えであるという説明をする。そして、(22)のような音声を聞いて、「カトリック両王」というのは「アラゴンの王、フェルナンド2世とカスティーリャの女王、イサベル1世」だということを理解する練習を行う。

(22)　大きな意味を持つのは、カトリック両王、これはアラゴンの王、フェルナンド2世とカスティーリャの女王、イサベル1世のことですが、この2人の結婚でした。

　　このように専門用語の意味はわかりやすく言い換えられることがあるので、ここで示したような説明と練習によってそれを聞きとれるようになる教材が必要である。

3. 専門用語に関連した語句の意味を理解する教材

　　講義の内容は、専門用語の意味がわかっただけでは理解できない。専門用語に関連した(23)や(24)の意味を理解することも必要である。そのため、講義を聞く教材では、専門用語に関連した内容を理解する教材を作る必要がある。

(23)　専門用語といっしょに出てくる語句
(24)　専門用語の代わりに使われる語句

(23)の語句の意味を理解する教材については3.1で、(24)の語句の意味を理解する教材については3.2で述べる。

3.1　専門用語といっしょに出てくる語句の意味を理解する教材

　専門用語の多くは名詞であるが、それといっしょに出てくることが多い動詞や形容詞がある。たとえば、著作権についての講義では「著作物」という専門用語がよく出てくるが、それといっしょに出てくることが多い動詞として、(25)から(27)の3種類がある。

(25)　著作者が主語になる動詞
(26)　利用者が主語になる動詞
(27)　作品が主語になる動詞

　(25)の「著作者が主語になる動詞」というのは、「作る」や「作成する」「創作する」「公表する」などである。(28)は「作成する」と「発表する」が使われている例である。

(28)　法人が業務で著作物を作成して発表することも考えられます。

　(26)の「利用者が主語になる動詞」というのは、「使う」や「使用する」「利用する」「複製する」「コピーする」「引用する」などである。(29)は「複製する」が使われている例である。

(29)　私的に使うために著作物を複製することは許可なくできます。

　(27)の「作品が主語になる動詞」というのは、「(に)該当する」や「(に)当たる」「(と)言える」「(として)認められる」などである。(30)は「(に)該当する」が使われている例である。

(30)　スマホなど、実用品のデザインは、原則として著作物に該当
　　　　しません。

著作権についての講義を聞くときは、今、著作者について述べられているのか、利用者について述べられているのか、作品について述べられているのかを理解することが重要である。そのためには、「著作物」といっしょに出てくる動詞にこのような3種類のものがあることを理解し、それぞれの動詞の意味を覚えておくことが必要である。そうしておけば、主語が省略されていても、今、何について述べられているかが理解しやすくなる。

　聴解教材としては、「著作物」といっしょに出てくることが多い動詞として(25)から(27)があることと、それぞれの代表的な動詞の意味を説明する。そして、たとえば(31)のように「著作物」といっしょに「公表する」という音声が聞こえたら、「今、利用者や作品ではなく著作者について述べられている」と判断する練習を行う。

(31)　著作物を<u>公表する</u>かどうかは自分で決定できます。

　専門用語といっしょに出てくる語句は限られている。ここで示したような説明と練習によってそのような語句の意味を理解できるようになれば、講義の内容が理解しやすくなる。

3.2 専門用語の代わりに使われる語句の意味を理解する教材

　専門用語は、いつも同じ形で使われるとは限らない。違う形で使われることもある。「プロスタグランジン」という専門用語が「このホルモン」という形で使われるといったことである。これは、「プロスタグランジン」の上位にあるカテゴリー名「ホルモン」に「この」をつけた形である。単に「これ」が使われることもある。

　聴解教材としては、「この［カテゴリー名］」が出てきたら、それはその前に出てきた専門用語を指していることが多いという説明をする。また、「これ」が出てきたら、それはその前に出てきた専門用語を指していることがあるという説明をする。そして、(32)のような音声を聞いて、「このホルモン」が何を指しているのかを判断する練習を行う。

(32)　赤ちゃんを産むときに作用するホルモンとしては、<u>プロスタ</u><u>グランジン</u>っていうのがあります。<u>このホルモン</u>は、早く出産させたいときに使われます。

　そのほか、たとえば著作権についての講義では、「著作者」が「作家」や「法人」という語句で表されたり、「利用者」が「我々」や「個人」という語句で表されたりすることがある。「作家」や「法人」は利用者にはならないわけではなく、「我々」や「個人」も著作者にはならないわけではない。しかし、「作家」や「法人」は著作者になることが多く、「我々」や「個人」は利用者になることが多い。そのため、「作家」や「法人」は著作者を指すことが多くなり、「我々」や「個人」は利用者を指すことが多くなる。
　聴解教材としては、たとえば著作権についての講義では「作家」や「法人」は「著作者」を指すことが多く、「我々」や「個人」は「利用者」を指すことが多いという説明をする。そして、(33)のような音声を聞いて、「我々」は著作者ではなく利用者を指していると判断する練習を行う。

(33)　<u>我々</u>がネット上にあるフリー素材をダウンロードした場合でも、そのサイトの利用規約を確認したり、その素材について著作権の帰属を確認しておく必要があると言えますね。

　専門用語の代わりに使われる語句は限られている。ここで示したような説明と練習によってそのような語句の意味を理解できるようになれば、講義の流れが理解しやすくなる。

4. 対比の構造をとらえる教材

　講義では2つのものが対比して示されることがある。講義の内容を正確に理解するためには、対比の構造をとらえ、何と何がどのように対比されているのかを理解することが重要である。そのため、

講義を聞く教材では、対比の構造をとらえる教材を作る必要がある。具体的には、(34)と(35)のような教材である。

(34)　典型的な対比の構造をとらえる教材
(35)　その他の対比の構造をとらえる教材

　(34)については4.1で、(35)については4.2で述べる。

4.1 典型的な対比の構造をとらえる教材

　対比は、典型的には(36)のような形で述べられる。

(36)　アドレナリンはよく水に溶けますが、ステロイドのほうはあまり水に溶けません。

　対比というのは2つのものが対比されていると思われやすいが、2つのことがらが対比されていると考えたほうが対比の構造をとらえやすい。(36)で言うと、「アドレナリン」と「ステロイド」が対比されているというより、(37)のように「アドレナリンはよく水に溶ける」ことと「ステロイドはあまり水に溶けない」ことが対比されているということである。

(37)　アドレナリンはよく水に溶けます が、ステロイドのほうはあまり水に溶けません。

　(37)のように2つのことがらが同じ1つの文の中で対比されている場合には、2つのことがらの間に(38)のような表現が使われる。

(38)　が、けど、のに対して、一方

　一方、(39)のように2つのことがらがそれぞれ別の文で述べられている場合には、間に(40)のような表現が使われるか、何も使わ

れないかである。

(39)　アドレナリンはよく水に溶けます。それに対して、ステロイ
　　　 ドのほうはあまり水に溶けません。
(40)　それに対して、一方、ですが

　2つのことがらが対比されている(36)をさらに詳しく見ると、
(41)のような構造になっている。

<pre>
　　　　 ┌── 対になっている名詞 ──┐
(41)　［主題1］は～［述語1］が、［主題2］は～［述語2］。
　　　　　　 └──── 逆の意味の述語 ────┘
</pre>

　［主題1］と［主題2］は、典型的には、「オス」と「メス」、「有機
物」と「無機物」のように同じカテゴリーに属していて、互いに対
になるような名詞になっている。そして、［主題1］と［主題2］の
後には「は」や「のほうは」「の場合は」などが付いている。
　［述語1］と［述語2］は、典型的には、「含まれる」と「含まれな
い」、「増加する」と「減少する」のように同じ種類の動作やできご
と、状態などを表すが、互いに逆の意味を表すものになっている。
　聴解教材としては、どのような構造になっていれば対比されてい
るととらえればよいのかという説明をする。具体的には、(41)で示
したように、対比されている2つのことがらの間に「が」や「一方」
のような語句が使われていることや、［主題1］と［主題2］は同じ
カテゴリーに属し、互いに対になるような名詞になっていること、
そして、［述語1］と［述語2］は同じ種類の動作やできごと、状態
などを表すが、互いに逆の意味を表すものになっていることである。
　そして、(42)のような音声を聞いて、(43)のような対比の構造を
とらえる練習を行う。

(42)　給付型の奨学金は返済の必要がありません。一方、貸与型の
　　　 奨学金は借りた分を利息を含めて返済しなければなりません。

(43)　給付型の奨学金：返済の必要がない

　　　　貸与型の奨学金：返済しなければならない

　講義では、2つのものを対比して説明されることがよくある。ここで示したような説明と練習によって典型的な対比の構造をとらえられるようになれば、講義の複雑な内容が理解しやすくなる。

4.2 その他の対比構造をとらえる教材

　4.1で見た典型的な対比は、(44)のようになっていると言える。

(44)　主題以外の成分が共通で、それぞれの主題と述語が対比されている。

　たとえば、(45)では「胎児のときに」「生殖器が」という主題以外の成分が共通で、「オスは」と「メスは」という主題とそれぞれに対する述語「作られ始める」と「作られない」が対比されている。

(45)　オスは胎児のときに生殖器が作られ始めるのに対して、メスは胎児のときはまだ生殖器が作られません。

　対比には、(44)以外に(46)と(47)のようなバリエーションもある。

(46)　主題が共通で、それぞれの主題以外の成分と述語が対比されている。

(47)　述語が共通で、それぞれの主題と主題以外の成分が対比されている。

　(46)は(48)のようなものであり、(49)のような構造になっている。「タバココナジラミは」という主題が共通で、「屋外では」と「ハウス内では」という主題以外の成分とそれぞれに対する述語「死滅する」と「越冬する」が対比されている。

(48) タバココナジラミは冬になると寒さのため<u>屋外では死滅しま</u>すけど、<u>加温したハウス内では越冬</u>します。

<u>━━━ 対になっている名詞 ━━━</u>

(49) [主題]は[<u>他成分1</u>]は～[<u>述語1</u>]が、[<u>他成分2</u>]は～[<u>述語2</u>]。
      <u>━━━ 逆の意味の述語 ━━━</u>

　(47)は(50)のようなものであり、(51)のような構造になっている。「話されている」という述語が共通で、「中南米の多くの国は」と「ブラジルは」という主題とそれぞれに対する主題以外の成分「スペイン語が」と「ポルトガル語が」が対比されている。

(50) <u>中南米の多くの国</u>はスペイン語が話されていますが、<u>ブラジル</u>はポルトガル語が話されています。

<u>━━━ 対になっている名詞 ━━━</u>

(51) [<u>主題1</u>]は[他成分1]～[述語]が、[<u>主題2</u>]は[他成分2]～[述語]。
      <u>━━━ 対になっている名詞 ━━━</u>

　聴解教材としては、4.1で示した典型的な構造以外に、どのような構造になっていれば対比されているととらえればよいのかという説明をする。具体的には、(49)で示したような「主題が共通で、それぞれの主題以外の成分と述語が対比されている」構造や、(51)で示したような「述語が共通で、それぞれの主題と主題以外の成分が対比されている」構造である。そして、(52)のような音声を聞いて、(53)のような対比の構造をとらえる練習を行う。

(52) <u>暴行罪</u>は、暴行を加えたけれど、傷害、つまり、ケガが生じなかったときに成立します。一方、<u>傷害罪</u>は、暴行を加えて傷害、ケガですね、ケガが生じたときに成立します。

(53) 暴行罪：ケガが生じなかったときに
　　　傷害罪：ケガが生じたときに

講義では、さまざまな形で2つのものを対比して説明されることがある。ここで示したような説明と練習によって典型的ではない対比の構造をとらえられるようになれば、講義の複雑な内容が理解しやすくなる。

5. 仮定条件が含まれている内容を理解する教材

　講義では、仮定した条件によって何かが成立するかしないかが述べられることがある。講義の内容を正確に理解するためには、仮定条件が含まれている内容を理解することが重要である。そのため、講義を聞く教材では、仮定条件が含まれている内容を理解する教材を作る必要がある。具体的には、(54)と(55)のような教材である。

(54)　仮定条件が1つ含まれている内容を理解する教材
(55)　仮定条件が2つ含まれている内容を理解する教材

　(54)については5.1で、(55)については5.2で述べる。

5.1 仮定条件が1つ含まれている内容を理解する教材

　「仮定条件が1つ含まれている内容」というのは、(56)のように、「合計が600度になったら」という仮定条件が1つ含まれているものである。

(56)　東京では2月1日から毎日の最高気温を足していって、<u>合計が600度になったら</u>桜が開花するという説があります。

　仮定条件を表す形式としては、一般的には「〜と」「〜ば」「〜たら」「〜なら」があげられる。日本語教育ではこれらの形式の使い分けが問題とされるが、聴解ではこれらの形式の使い分けは考える必要がない。どれも仮定条件を表していると理解していればよい。

「〜と」については、引用を表す「〜と」や並列を表す「〜と」などとの区別が重要である。

　これらの形式で表される仮定条件が1つ含まれている内容はこれまでの聴解教材でもよく扱われてきたが、これまであまり取り上げられてこなかった(57)と(58)を重視する必要がある。

(57)　「〜場合」や「〜とき」が使われている場合
(58)　「〜ても」や「〜としても」が使われている場合

　最初に、(57)についてであるが、「〜と」「〜ば」「〜たら」「〜なら」だけでなく、「〜場合」や「〜とき」なども実質的に仮定条件を表していることがある。(56)の「〜になったら」が「〜になったころに」になっていても、「〜になったら」とあまり違わない意味を表すからである。「〜場合」や「〜とき」などを含めて、仮定条件の聞きとりを練習することが必要である。

　次に、(58)についてであるが、「〜ても」や「〜としても」のような逆接の仮定条件は、(59)のような基本的な意味と(60)のような含意の両方があることを理解する必要がある。

(59)　「〜ても」や「〜としても」は、仮定条件を表している。
(60)　「〜ても」や「〜としても」は、「その条件とは違う条件のときでも成り立つ」という含意を持っている。

　(59)は、「〜ても」や「〜としても」は「〜と」や「〜ば」と同じように仮定条件を表しているということである。たとえば(61)では「ほかの食品よりも微量でも」という逆接の仮定条件が使われているが、「ほかの食品よりも微量であるという条件のとき、アナフィラキシーショックを起こしやすい」という意味を表している。

(61)　そばは、<u>ほかの食品よりも微量でも</u>、アナフィラキシーショックを起こしやすいので、特に注意が必要です。

一方、(60)は「〜ても」や「〜としても」は「〜と」や「〜ば」と違い、「その条件とは違う条件のときでも成り立つ」という含意を持っているということである。たとえば(61)は、「微量ではなく、ほかの食品と同じくらい多量のときでも、もちろんアナフィラキシーショックを起こしやすい」という含意を持っている。

　聴解教材としては、「〜ても」や「〜としても」が使われている場合であれば、(59)と(60)のような説明をする。そして、(62)のような音声を聞いて、(63)のような意味と(64)のような含意を理解する練習を行う。

(62)　表面波探査法では、地中にガレキや岩盤があっても調査をすることができます。

(63)　「地中にガレキや岩盤がある」という条件のとき、調査をすることができる。

(64)　「地中にガレキや岩盤がない」という条件のときも、もちろん調査をすることができる。

　講義では、仮定条件を使って説明されることがよくある。ここで示したような説明と練習によって仮定条件が含まれている内容を理解できるようになれば、講義の内容を正確に理解できる。

5.2 仮定条件が2つ含まれている内容を理解する教材

　「仮定条件が2つ含まれている内容」というのは、(65)のように、「作った人がその作品を見たことがないのであれば」という順接の仮定条件と、「その作品にどんなに似ていても」という逆接の仮定条件の2つが含まれているものである。

(65)　作った人がその作品を見たことがないのであれば、その作品にどんなに似ていても、著作権侵害とは認められません。

　順接の仮定条件と逆接の仮定条件が含まれている場合は、それぞ

れの条件は(66)と(67)のようなことを表している。

(66) 順接の仮定条件のほうは、必要な条件である。
(67) 逆接の仮定条件のほうは、必要な条件ではない。(そのような条件が満たされていれば、成り立たないと思うかもしれないが、実際にはそのような条件とは関係がない。)

　(65)は、(68)と(69)の意味を表しているということである。

(68) 「作った人がその作品を見たことがない」という条件が満たされていれば、どんな場合でも著作権侵害とは認められない。
(69) 「その作品にとても似ている」という条件が満たされていれば著作権侵害と認められると思うかもしれないが、実際にはその作品にとても似ているかどうかとは関係がない。

　このような意味は、順接の仮定条件と逆接の仮定条件の順序が逆になっていても変わらない。
　聴解教材としては、順接の仮定条件と逆接の仮定条件が含まれている場合について(66)と(67)のような説明をする。そして、(70)のような音声を聞いて、(71)と(72)のような意味があることを理解する練習を行う。

(70) パートで働いていても、これから説明する条件を満たしていれば、厚生年金に加入することが義務になっています。
(71) これから説明する条件を満たしているとき、厚生年金に加入することが義務になっている。
(72) パートで働いているときは厚生年金に加入することが義務ではないと思うかもしれないが、パートで働いているかどうかとは関係がない。

　講義では、仮定条件が2つ組み合わされて使われることがある。ここで示したような説明と練習によって仮定条件が組み合わされた

内容を理解できるようになれば、講義の内容を正確に理解できる。

6. まとめ

　講義を聞く教材の作成についてここまで述べてきたことをまとめると、(73)から(76)のようになる。

(73)　専門用語の意味を聞きとる教材：専門用語の定義を示す「［専門用語］というのは、〜です。」といった形や、専門用語をわかりやすく言い換える「［専門用語］、つまり〜」といった形から専門用語の意味を聞きとる教材を作成する。

(74)　専門用語に関連した語句の意味を理解する教材：「著作物」といっしょに出てくる「作成する」「引用する」や、「利用者」の代わりに使われる「我々」のような、専門用語に関連した語句の意味を理解する教材を作成する。

(75)　対比の構造をとらえる教材：「アドレナリンは水に溶けますが、ステロイドは溶けません」のような文から、「アドレナリン：水に溶ける」「ステロイド：溶けない」という対比を表す構造やそのバリエーションをとらえる教材を作成する。

(76)　仮定条件が含まれている内容を理解する教材：仮定条件が1つ含まれている内容を理解する教材に加え、「その作品を見たことがなければ、どんなに似ていても、著作権侵害とは認められません」のように仮定条件が2つ含まれている内容を理解する教材を作成する。

　ここでは、講義を聞くのに必要だと考えられる(73)から(76)の4つの教材を取り上げた。今後は、「講義で話される内容と表現」や「学習者が講義を聞く難しさ」の調査を進め、さらにさまざまな教材を開発していく必要がある。

（野田尚史・中尾有岐・萩原章子）

調査資料

『講義を聞く技術』(目的別日本語教材シリーズ), 産業能率短期大学日本語教育
　　研究室編, 産業能率大学出版部, 1988
『動画で学ぶ大学の講義』(留学生のためのアカデミック・ジャパニーズ), 東京
　　外国語大学留学生日本語教育センター編, スリーエーネットワーク, 2019

参考文献

坂本恵・寅丸真澄(2019)「「講義を聞く」ということ」『東京外国語大学留学生日
　　本語教育センター論集』45: pp. 133–142. 東京外国語大学留学生日本語教育
　　センター〔http://repository.tufs.ac.jp/handle/10108/92979〕
坂本恵・中村則子・大木理恵・田代ひとみ(2012)「アカデミック・ジャパニー
　　ズに対応した聴解教材—聴解問題作成プロジェクトの成果」『東京外国語大
　　学留学生日本語教育センター論集』38: pp. 183–196. 東京外国語大学留学
　　生日本語教育センター〔http://hdl.handle.net/10108/69554〕

第 5 部

会議の発話
を聞く教材

会議で話される内容と表現

1. 会議で話される内容と表現の特徴

　会議は複数の人が集まり、ある決められた議題について話すという特徴がある。雑談と異なり、会話の展開が議題ごとに構成される点も特徴である。

　会議での会話を質的に分析した近藤彩(2004)や李志暎(2006)では、会議での会話の特徴として、トピックが循環することや、結論が先延ばしにされることが指摘されている。蒙韞(韞)(2018)では、インタビューやアンケート調査から、非母語話者にとって日本語母語話者の指示や提案があいまいでどちらにもとれるため、次の仕事をどうすればよいか困る場合があることが示されている。しかし、議題が移り変わるときに用いられる具体的な表現や、あいまいな言い方で指示や提案などを行うときに用いられる具体的な表現に着目し、詳細に分析したものはほとんどない。

　そこで、ある決まった場面で日本語母語話者がどのような表現を使っているのかについて調査した。調査結果によると、会議で話される内容と表現には、(1)から(4)の特徴がある。

(1)　　会議の流れには順序がある。
(2)　　議題の移り変わりを示す表現がある。
(3)　　結論を確認したり先延ばしにすることを示す表現がある。
(4)　　断定しない表現を使って意見を述べることがある。

　(1)については3.で、(2)については4.で、(3)については5.で、(4)については6.で詳しく述べる。

2. 調査概要

　分析データは、母語話者同士の会議の会話である。調査資料の概要を表1に示す。表1のAからCのデータは、筆者らが立ち合いの許可を得た上で、会議の場面に立ち合い、会議を録音したものである。録音したものはすべて文字おこしを行った。D「男性談話」とE「女性談話」は、『男性のことば・職場編』という職を持つ男女を調査対象者としてそれぞれの職場での自然談話を録音した現代日本語研究会のコーパスである。この中の会議・打ち合わせの談話を分析対象とした。

表1：調査資料の概要

	調査資料名	会議の内容
A	はりきゅう医院	実施事項の報告、イベント、パンフレットなどの広報について
B	外国人支援委員会	日本語教室の運営、文化教室の開催などについて
C	青年商工会議所	青年商工会議所の理事会
D	「男性談話」	複数の場面（大学教員の会議、美容院の反省会、自動車製造業の報告会など）
E	「女性談話」	複数の場面（編集者会議、高校教員の会議、会社員の会議など）

3. 会議の流れの順序

　会議の種類は、大きく分類すると情報共有型とアイデア創出型の2つに分かれる。

　情報共有型は、連絡会議、報告会議、スケジューリング会議など上司や担当者から会議参加者に対し、情報や決定事項を伝えることを主な目的とする会議である。事前に議題が資料として配布されることが多く、進行役がその議題に沿って会議を進行する。会議の流れは、最初に開始の挨拶がされ、その会議全体の流れが確認される。

そして、議題ごとに担当者が報告し、進行役が議題の関係者に補足説明があるかどうかや、他の参加者に質問や意見があるかどうかなどを尋ねる。質問や意見がある場合は申し出て1人ずつ話す。質問がなければ次の議題に移る。最後に次回の会議の議題や日時を確認し、終了する。したがって、図1のような順に行われる。

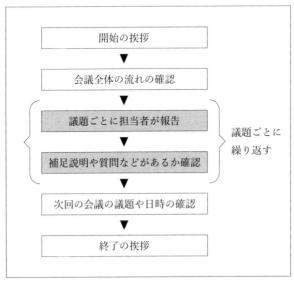

図1：情報共有型の会議の流れ

　一方、アイデア創出型の会議は、企画会議や販売促進のアイデア出しなど、ある議題に対して自由な意見を出し合い新しいアイデアを生み出すことを目的とした会議である。他にも、今後発生しそうなトラブルを予測し、事前に予防することを目的とする課題発見のための会議や、現状起きている問題を共有した後で、その有効な対策を考えることを目的とする課題解決のための会議も、意見や新たな解決策などのアイデアを創出する会議である。この場合、進行役かプロジェクトのリーダーが会議を進行する場合が多い。資料が用意されることもある。会議の流れは、担当者が概要や協議事項などを説明してから、参加者全員で質問や意見を出し合う。最後に決定事項や検討事項を確認し、次回の会議があれば議題や日時の確認を

してから終了する。したがって、図2のような順に行われる。

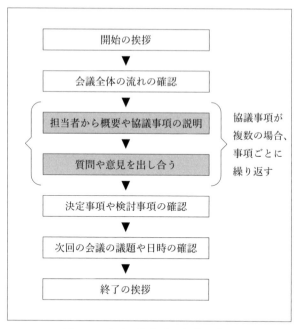

図2：アイデア創出型の会議の流れ

　さらに、1つの会議の中で情報共有型とアイデア創出型の両方が取り扱われる場合もある。

　このように、会議の種類によって、議題ごとの確認をするかどうかや、意見を出し合うかどうかといった主となる部分の進め方が異なるが、どちらの会議も開始から終了までの基本的な順序はほぼ決まっている。

4. 議題の移り変わりを表す表現

　会議では、進行役から(5)や(6)の方法で議題が移り変わることが示される。

(5)　今の議題が終わることを示す

(6)　次の議題に移ることを示す

　(5)については4.1で、(6)については4.2で詳しく述べる。

4.1　1つの議題が終わることを示す表現

　会議では進行役が1つの議題が終わることを確認してから、次の議題へと進むことが多い。1つの議題の終わりを示す例を4例示す。

　1つ目は、議題提供者からの報告に対し質問や意見が出た後に、議題を終えてよいかどうかを確認する場面である。(7)のように、「そういった内容で」といったここまでの話し合いの内容を指す表現と、「大丈夫でしょうか?」「よろしいですか?」といったこれでよいかどうかを確認する表現を組み合わせて用いられる。(7)は、議題提供者による進路相談会に関する実施報告に対し、他の参加者から質問や意見が出た後に、進行役がこの議題を終えてよいかどうかを確認している。

(7)　はい、進路相談会についてはだいたいそういった内容で大丈
　　　夫でしょうか?　よろしいですか?　　　　（はりきゅう医院）

　2つ目は、進行役が議題提供者として報告をし、他の参加者に質問や意見を求めず、議題を終えようとする場面である。(8)のように、「以上。」と言い切りの表現が用いられる。(8)は、自動車製造の技術者らの会議で、進行役が議題提供者となり、災害があった要因について報告した後で、その議題を終えようとしている。

(8)　こうゆうのが進まないんです、とゆうようなことをいってい
　　　たと、ゆうことです。以上。それから次。　　（「男性談話」）

　一方で、「以上」という表現は、進行役ではなく、議題提供者が使うこともある。報告や説明の発話ターンが長くなった場合、議題提

供者が一連の話が終わったことを示すために、(9)のように「以上」という表現を用いることがある。(9)は、雑誌編集の会議で、議題提供者が雑誌記事の企画案についての一連の説明が終わったことを示している。

(9)　　まあ、そうゆうことも含めてちょっと、いろいろ意見をだして、いただけたらと思います。<u>以上です</u>。　　（「女性談話」）

　ただし、(9)のように議題提供者によって説明が終わったことが示された場合は、すぐ次の議題に移るわけではない。この後に、進行役が発話ターンをとり、質問や意見がないかを他の参加者に質問したり、次の議題に移ることを示してから次の議題に移る。
　3つ目は、議題提供者による報告や説明が一段落した後に、進行役が他に質問や意見がないかどうかを確認する場面である。(10)のように「質問」「ありませんか」という表現を用いて確認される。

(10)　ここまででなんか<u>質問</u>とかは、<u>ありませんか</u>？
　　　　　　　　　　　　　　　　　　（外国人支援委員会）

　他にも、「何かありますか」や「他に質問はありますでしょうか」という表現が用いられる。このように、「何か」や「質問」という表現と、「ありますか」や「ありますでしょうか」という有無を確認する表現との組み合わせで、質問や意見の有無が確認される。質問や意見が出なければ、次の議題に移る。
　4つ目も、議題提供者による報告や説明が一段落した後に、進行役が他に質問や意見がないかどうかを確認する場面である。(11)のように、「ほかに」「ほかのかた」という表現を用いて確認される。

(11)　<u>ほかに一</u>、<u>ほかのかた</u>はどうでしょうか。　　（「男性談話」）

　他にも、「あとほかには。」「そのた、何か。」のように、「ほか」や「そのた」という表現が用いられたり、「あとみなさん何か?」「それ

についてはどうですか、みなさん」のように参加者に呼びかける表現が用いられたりすることがある。

　このように、「以上」というこれで終わりであることを示す表現や「質問」「ほか」のように質問の有無を確認する表現などを用いて、議題が移り変わることが示される。

4.2　次の議題に移ることを示す表現

　会議では、1つの議題が終わった後に、進行役が次の議題に移ることを示すことが多い。次の議題へと移ることを示す例を3例示す。

　1つ目は、(12)のように「それから」や「次」という表現を用いて、次の議題へ移ることを示す例である。

(12)　それから次にですねー、あのー、教官選考委員会の開設申請
　　　の件なんですけれどもー、　　　　　　　　　　（「男性談話」）

　「次」の他にも、「先」という表現が用いられたり、「いきます」「移ります」という述語とともに用いられることがある。

　2つ目は、(13)のように「続きまして」という表現を用いて次の議題に移ることを示す例である。

(13)　続きまして、審議事項に公益社団法人A（地域名）青年会議
　　　2019年度入会希望者承認に関する件、B（人名の姓）専務理
　　　事、上程の方お願いします。　　　　　　　　　（青年商工会議所）

　「続きまして」の他にも、「続けてお願いします」「続けていきますね」という表現が用いられることがある。

　3つ目は、議題が書かれた資料が事前に配られている会議において、(14)のように議題の番号やいくつめの議題かを示す例である。

(14)　うん。はいはいそしたら3番目なんですけれども、えー3番
　　　目は、あのちょっとCさんのほう、この、内容について。

「3番目」の他に、「3つ目」「審議事項3番」という表現が用いられることがある。

このように、「次」や「続きまして」という表現や資料の番号などを示すなどして、次の議題へ移ることが示される。

5. 結論を先延ばしにする

決定事項がある会議では、結論が出る場合と先延ばしにされる場合がある。結論が出た場合は(15)のように結論を確認し、結論が出ない場合には(16)のように先延ばしにすることが示される。

(15)　結論を確認する
(16)　結論を先延ばしにする

(15)については5.1で、(16)については5.2で詳しく述べる。

5.1 結論を確認する表現

1つの議題の結論が出た場合、進行役が参加者全員に対して、結論の内容を確認することがある。結論を確認する例を2例示す。

1つ目は、ある検討事項の結論が出たときに、進行役が決定事項を反復し確認する場面である。(17)のように「ということ」という表現が用いられる。(17)は、記録係が誰に決定したかを、進行役が確認している。

(17)　じゃ、あのー、記録係は田中さんにやっていただく<u>と、いうこと</u>にいたします。　　　　　　　　　　（「男性談話」）

他にも、「そういうことにいたします」「ということですね」「てい

うことで、よろしくお願いします」という表現が用いられる。このように、「ということ」「ていうこと」という表現と、「にいたします」という断定する表現か、「ということですね」や「よろしいでしょうか」という確認する表現か、「よろしくお願いします」というお願いする表現を組み合わせて用いられる。

　2つ目は、今後取り組んでいく事柄が決まったときに、進行役が参加者全員に対して今後取り組むことについて声がけをする場面である。(18)のように「ていきましょう」という表現が用いられる。(18)は、美容院での会議で、仕事上の課題を解決するために決まった取り組みを今後行うよう、進行役が声がけをしている。

(18)　みなさんで片づけながら仕事をするように、各自気を付けて
　　　いきましょう。　　　　　　　　　　　　　　（「男性談話」）

　他にも、「協力していきましょう」「考えていきましょう」のように用いられる。
　このように、「ということ」という表現や「ていきましょう」という声がけをする表現を用いて、結論が確認される。

5.2 結論を先延ばしにする表現

　結論がなかなか出ない場合や検討する時間がない場合、結論が先延ばしにされることがある。結論が先延ばしにされる例を2例示す。
　1つ目は、検討が別途必要であるため先延ばしにされる場面である。(19)のように、「次回の議題」と「しましょうか」という表現が用いられる。(19)は打ち合わせの確認書のフォーマットをどうするか話し合った後で、進行役が結論の先延ばしを提案している。

(19)　今後、それを、どうふくらましていくかっていうことに関し
　　　ては次回の議題に、しましょうか。　　　　（はりきゅう医院）

「次回の議題」の他にも、「次回の協議」や「次の検討事項」とい

う表現が用いられる。述語には、「しましょうか」の他に「持ち越しましょう」や「棚上げとさせていただきたく思います」という表現が用いられる。

　2つ目は、他の議題を先に検討するため、質問があっても後で質問や発言をするよう求められる場面である。(20)のように「後で」「また」「教えてください」という表現が用いられる。(20)は、広報用の冊子の修正箇所について意見が複数出たが制限時間が迫ってきたため、進行役が必要があれば後で発言するよう求めている。

(20)　何かあれば後でみなさんよく読み返してまた教えてください。

（はりきゅう医院）

　「後で」「また」という表現は単独で用いられることもある。他にも、「後ほど」という表現が用いられることもある。述語には、「お伺いします」「お聞きします」「時間があったらお願いします」といった表現が用いられる。

　このように、「次回の議題」という表現で次の会議にまわすことを伝えたり、「後で」という表現で他の検討事項が終わった後で質問を受けることを伝えたりする方法で結論が先延ばしされる。

6. 断定しない表現を使って意見を述べる

　アイデア創出型の会議の場合、参加者が自分の意見を述べることが多い。参加者が自分の意見を述べるとき、(21)や(22)のように断定しない表現が使われることが多い。

(21)　「んじゃないか」という否定疑問文を使う
(22)　「かな」という疑問や推量を表す表現を使う

　(21)については6.1で、(22)については6.2で詳しく述べる。

6.1「んじゃないか」を用いた表現

　会議で意見を述べる際に、「んじゃないか」を用いることがある。「んじゃないか」は、「明日は雨が降るんじゃないか」といった真偽が不確実であることを述べるときなどに使われる表現であるが、会議においては、意見を述べる場合にも使われることがある。会議において「んじゃないか」を用いて意見を述べる例を2例示す。

　1つ目は、議題や他の参加者の意見に対し、「いい」といった評価を示す場面である。(23)のように、「いい」という形容詞と「んじゃないか」を組み合わせた「いいんじゃないか」という表現が用いられる。(23)は、雑誌の編集会議において、記事の企画をどうするかを話し合う中で、「協力していくというのがよい」という意見を述べている。

(23)　何かアイデアをこう、募って、それであのー、まあ、あるいは、こちらからいろんなことまあ、提案してー、まあ、協力していくと、ゆうのが<u>いいんじゃないか</u>な思ってます。

(「女性談話」)

　2つ目は、議題や他の参加者の意見に対し、ある行為をすることが望ましいという意見を示す場面である。(24)のように「たほうがいい」というある行為をすることが望ましいことを表す表現と「んじゃないか」を組み合わせた「たほうがいいんじゃないか」という表現が用いられる。(24)は自動車製造の技術者らの会議で、議題提供者が機械の点検を報告しながら、「見直しをしたほうがよい」という個人の意見を述べている。

(24)　歩くときに足を引っかける危険性がありますので、そのへんの見直しを、<u>されたほうがいいんじゃないか</u>と思います。

(「男性談話」)

「たほうが」の他にも、「難しく<u>ても</u>いいんじゃないか」「それ<u>でも</u>

いいんじゃないか」のように「ても」「でも」といった逆接表現と用いられることや、「［名詞］＋のほうが」という表現と用いられることがある。「いいんじゃないか」の他には、「いいんじゃないですか」という質問や、「いいんじゃないですかね」という確認、「いいんじゃないかと・・・」という言いさしの表現などが用いられる。

　(25)のように「たほうが」と「いいんじゃないか」の間に、他のことばが入ることもある。(25)は、自動車製造の技術者らの会議で、議題提供者が機械の点検を報告しながら、意見を述べている。

(25)　さわっちゃいけないんだったら、さわるなとか、そういう表
　　　　示があったほうが、なんか、さわる人はいないと思うんです
　　　　けど、えー、よいのではないかと思いました。

（「男性談話」）

　このように、評価を示すことばや、「たほうがいい」のようなある行為をすることが望ましいことを示す表現とともに「いいんじゃないか」を用いて、自分の意見が示される。

6.2「かな」を用いた表現

　会議で意見を述べる際に、「かな」を用いることもある。「かな」は、「明日は雨が降るかな」といった疑問の気持ちを表したり、「窓を開けてもいいかな」といった依頼や許可求めをしたりするときに使われる表現であるが、会議においては、疑問や依頼求めではなく、意見を述べる場合にも使われることがある。

　「んじゃないか」と同様、「かな」も(26)のように「いい」といった評価を表す形容詞と用いる例や、(27)のように「たほうがいい」や「［名詞］＋のほうがいい」といったある行為をすることが望ましいことを表す表現とともに用いて、自分の意見が示される。

(26)　今回に関してはもう少し、広告的でいいかな、と思います。

（はりきゅう医院）

（27）　あの子どもさんの写真はちょっと、親御さんに見せて許可を
　　　　とったほうがいいかなと思うんですよ。

　　　　　　　　　　　　　　　　　　　　　　　　　（外国人支援委員会）

　また、（28）のように「んじゃないか」に「かな」をつけて意見が
示されることもある。（28）は、外国人支援委員会の会議で、進行
役が春の文化祭の出し物について、自分の意見を述べている。

（28）　教えてもらってみんなで歌うと、いいんじゃないかなと思い
　　　　ますね。　　　　　　　　　　　　　　　（外国人支援委員会）

　さらに、「かな」は、「どう」という疑問詞とともに用いた「どう
かな」という表現で自分の意見が示される例もある。「どうかな」を
用いて提案を示す例と、否定的な意見を示す例を2例ずつ示す。
　1つ目は、議題に関する提案を示す場面である。（29）のように、
「たら」という条件節と「どうかな」を組み合わせた「たらどうか
な」という表現が用いられる。（29）は、雑誌の編集会議で記事の企
画を提案している。

（29）　まあ、バックアップするような、あのー、態勢とゆうか、そ
　　　　うゆうあのー、姿勢で、えー、特集を組んだらどうかな、と
　　　　ゆうふうにまあ、思います。　　　　　　　　　（「女性談話」）

　2つ目も、議題に関する提案を示す場面である。（30）のように、
「ては」という表現と「どうかな」を組み合わせた「てはどうかな」
という表現が用いられる。（30）は、自動車製造の技術者による会
議で、作業の行動点検について報告した後で、心がけるとよいと思
うことを提案している。

（30）　そこらへんを、まあ身につけるように心がけてはどうかなと、
　　　　ゆう感じがいたしました。　　　　　　　　　　（「男性談話」）

3つ目は、検討事項や他の参加者の意見に対して、否定的な意見を持っていることを示す場面である。(31)のように、「ちょっと」や「として」という表現と「どうかな」を組み合わせた表現が用いられる。(31)は、広告の文言についての話し合いで、「この使い方はあまりよくない」という否定的な意見を述べている。

(31)　あの、最初の、ところで4行目の最後の、「店舗の広告塔にするなど」っていうのは、よく読むと、なんとなくちょっとこう「広告塔」っていう。使い方<u>として</u>、<u>ちょっと</u>、<u>どうかな</u>って。
　　　　　　　　　　　　　　　　　　　　　　　　　　（はりきゅう医院）

　否定的な意見は、「ちょっと」が省略され、「として」と「どうかな」のみを組み合わせて示されることもある。(32)は、「として」と「どうかな」を用いて、他の参加者が作成した注意事項の内容に対して「あまりよくない」という否定的な意見を述べている。

(32)　あのー、意見とさして頂きますが、ま、記載する内容<u>として</u>、<u>どうなのかなぁ</u>というところは思いました。
　　　　　　　　　　　　　　　　　　　　　　　　　　（青年商工会議所）

　4つ目も、検討事項や他の参加者の意見に対して、否定的な意見を持っていることを示す場面である。(33)のように「それも」という表現と「どうかな」を組み合わせた「それもどうかな」という表現が用いられることもある。(33)は、これまでの規範が守られていないことに対して「あまりよくない」という否定的な意見を述べている。

(33)　えー、規範と、規範を作っていく総務委員長が最初から崩していくっていうのは、<u>それもどうかな</u>というふうに思いました。
　　　　　　　　　　　　　　　　　　　　　　　　　　（青年商工会議所）

　このように、「かな」という表現は、評価を示す表現や「ほうがいい」という表現と用いて自分の意見を示す。「どうかな」という表現

は、「たら」や「ては」との組み合わせで提案が示される。一方で、「ちょっと」「として」「それも」との組み合わせの場合には、否定的な意見が示される。同じ「かな」という表現でも、組み合わさる表現によって機能が異なる。

7. まとめ

　母語話者同士の会議で進行役や参加者が話す内容と表現を調査した。結果をまとめると、(34)から(37)のような特徴がある。

(34)　会議は、「開始の挨拶と流れの確認の後に、議題ごとの報告と質問や意見交換がなされ、次回の会議の議題や日時の確認をしてから、最後に終了の挨拶をする」というように、その順序は決まっている。

(35)　「以上」のような議題の終わりを示す表現や、「次」のような次の議題に移ることを示す表現など、議題の移り変わりを示す表現がある。

(36)　「ということ」という表現を用いて結論を確認したり、「次の議題」のような表現を用いて結論が先延ばしにされたりすることが示される。

(37)　「んじゃないか」や「かな」という断定しない表現を用いて、意見を述べることがある。「かな」は前後の表現の組み合わせによって、機能が異なる。

　会議には情報共有型やアイデア創出型の会議があり、会議で話される内容と表現も多様である。しかし、話される場面や機能を特定してみると、そのときに使われる表現は決まっているものが多い。ただし、断定的でない意見の示し方は、前後の表現の組み合わせによって機能が異なる。このように、同じ表現であっても、組み合わされる表現によって、意味や機能が異なる場合がある。

（中尾有岐）

調査資料

「女性談話」、『男性のことば・職場編』の「自然談話データCD-ROM」、現代日本
　　語研究会（編）、ひつじ書房、2002［https://www2.ninjal.ac.jp/conversation/
　　shokuba.html］
「男性談話」、『男性のことば・職場編』の「自然談話データCD-ROM」、現代日本
　　語研究会（編）、ひつじ書房、2002［https://www2.ninjal.ac.jp/conversation/
　　shokuba.html］

参考文献

近藤彩（2004）「会議におけるコミュニケーションスタイルに関する事例研究」
　　『アメリカ・カナダ大学連合日本研究センター紀要』27: pp. 24–40. アメリ
　　カ・カナダ大学連合日本研究センター
蒙韞（韞）（2018）「ビジネス上の接触場面におけるコミュニケーション困難点の
　　解明―中国の日系企業を一例として」『BJジャーナル』創刊号: pp. 67–80. ビ
　　ジネス日本語研究会
李志暎（2006）「ビジネス・ミーティングにおけるトピックの展開―課題決定場
　　面を中心とした韓日の違い」『人間文化論叢』9: pp. 291–303. お茶の水女子
　　大学

学習者が会議の発話を聞く難しさ

1. 会議の発話を聞く難しさの概要

　会議では複数の議題が扱われることが多く、1つの会議の中で何度か議題が移り変わる。そのため、日本語学習者にとって日本語の会議は、内容や結論を聞きとり、正しいタイミングで発言することは難しいと考えられる。蒙韞（韞）（2018）では、ビジネス上の接触場面のうち「社内の会議や打ち合わせのとき、日本語の面で感じた問題」について、「構造が複雑で、かつ長い文の聞きとりや理解に問題を感じる」「発言の意図が一体何なのかをうまく読み取れないことがある」などの困難点が挙げられている。しかし、なぜ適切に理解できないのかというところまでは明らかにされていない。

　そこで、学習者にとって日本語の会議においてどのようなことを聞きとるのが難しいのか調査を行い、適切に理解できない要因を探った。会議の発話を聞く難しさは、（1）から（3）である。

（1）　議題の移り変わりを示す表現を適切に理解できない
（2）　発言者の意図を適切に理解できない
（3）　発言者が反対しているかどうかを適切に理解できない

　（1）については3.で、（2）については4.で、（3）については5.で詳しく述べる。

2. 調査概要

2.1で調査場面と調査対象者について、2.2で調査方法について述べる。

2.1 調査場面と調査対象者

調査場面は、社会人が遭遇する可能性のある社内での会議場面とした。調査対象者は、会議に参加する可能性のある日本語能力を持ってはいるが、日本の会議に慣れていない学習者とするため、(4)のa.とb.の条件を満たす学習者25名とした。

(4)　　a. 日本語能力試験N3レベル以上であること
　　　　b. 日本語を使って企業で働いたことがないこと

25名の学習者の母語は、韓国語5名、中国語5名、ベトナム語3名、フランス語2名、ドイツ語2名、スペイン語2名、英語1名、ブルガリア語1名、アルメニア語1名、ポーランド語1名、スロバキア語1名、イタリア語1名である。

2.2 調査方法

調査では学習者に会議動画を視聴してもらい、聞きとりが難しい点を探った。調査で使用した会議動画は、企業や学校などで実施された実際の会議を録音した音声データからよく使われる表現を抽出し、調査者らが作成したものである。登場人物は、スーパーマーケットの社員4名［進行役(高橋)、部長(佐藤)、社員2名(田中、鈴木)］で、スーパーのイベントについて話し合っているという場面設定でシナリオを作成した。

そして、調査は(5)から(6)の手順で行った。

(5)　　調査者らが作成した動画を、記憶が維持できると思われる範

囲で適宜止めながら学習者に見てもらい、理解した内容や理解できなかったところを話してもらう。

(6)　学習者が話した内容だけでは、どう理解したかがよくわからないときや、学習者がそのように理解した理由がわからないときは、それを確認するための質問をし、答えてもらう。

　(5)(6)では必要に応じて「発話された文は何と聞こえたか」「そのことばの意味は何だと思うか」「発言者の発話の意図は何だと思うか」「なぜそう思ったか」などの質問をし、学習者が会議のときの発話を聞く難しさを探った。

3. 議題の移り変わりを理解する難しさ

　会議では複数の議題が扱われることが多く、1つの会議の中で何度か議題が移り変わる。議題が移り変わるとき、会議の進行役が(7)から(9)のような方法で1つの議題を終わらせ、次の議題へと進めることがある。

(7)　この結論でよいかどうかを確認する
(8)　後で発言するように求める
(9)　質問の有無を確認し、議題を終える

　しかし、学習者は(7)から(9)の表現を理解できずに議題の移り変わりを適切に理解できないことがある。(7)の難しさについては3.1で、(8)の難しさについては3.2で、(9)の難しさについては3.3で詳しく述べる。

3.1 この結論でよいかどうかを確認する表現を理解する難しさ

　1つの議題について話し合いが行われた後で、進行役が「ということで、〜は問題ないでしょうか」や「〜ということで、よろしい

ですね」のような表現を使って、この結論でよいかどうかを確認し、1つの議題を終えようとすることがある。しかし、学習者は、これまでの話についてこの結論でよいかを質問されているのではなく、次の新たな議題について質問されていると誤って理解することがある。

　ここでは、ある検討事項の結論が出た後に進行役が行った「結論の確認」を、「新たな議題に関する質問や意見求め」だと誤解した例を2つ示す。

　1つ目は、「ということで」を適切に理解することができず、確認ではなく、新たな議題に関する質問だと誤解した例である。「ということで」は、1つ前の発話で出た結論を受けていることを表す。(10)は、協議事項2について話し合った結果、その結論が出た後の進行役の発言である。

(10)　<u>ということで</u>、協議事項2は<u>問題ないでしょうか</u>。

　進行役が「ということで」と「問題ないでしょうか」という表現を組み合わせ、「先ほど出た結論で問題ないか」と確認している。しかし、スロバキア語話者、ポーランド語話者、中国語話者の学習者は、「問題ないでしょうか」という表現のみを聞きとり、「協議事項2」はこれから新たに始める議題であり、その新たな議題に関して問題ないかを質問していると誤解した。

　2つ目は、「ということで」を適切に聞きとることができず、結論の確認ではなく、新たな議題について意見を求められていると誤解した例である。(11)は、待遇については今後検討するという話の流れになった後の進行役の発言である。

(11)　待遇については、今後の検討事項<u>ということで</u>、<u>よろしいですね</u>。

　(11)は、待遇についての話し合いの後、進行役が今後改めて検討するという結論でよいかどうかを確認している。しかし、フランス語話者、アルメニア語話者、ドイツ語話者の学習者は、「検討事

項」という知らないことばをこれから新たに話し合う議題だと誤って推測し、それについて意見を求められていると誤解した。

　このように、学習者は「ということで」という表現を適切に理解することができず、終わろうとしている議題を新たに始まった議題だと誤解し、話の移り変わりを適切に理解できないことがある。

3.2 後で発言するように求める表現を理解する難しさ

　ある議題に対する結論が出るまでに時間がかかりそうな場合、進行役が「後で時間があったらお伺いします」や「またお伺いします」という表現を使って、今ではなく後でその議題に対する質問や発言をするよう伝え、1つの議題を終えようとすることがある。しかし、学習者は今意見を求められていると誤って理解することがある。ここでは、進行役に質問や発言があれば後でするように求められているのを、今質問や発言を求められていると誤解した例を2つ示す。

　1つ目は、「何かあればまたお伺いします」という表現を適切に聞きとることができず、後ではなく今意見が求められていると誤解した例である。(12)は市役所に連絡をする担当者が鈴木さんに決まったときの進行役の発言である。

(12)　では、市役所とのコンタクトの担当は鈴木さんということで
　　　　よろしいでしょうか。もし何かあればまたお伺いします。

　(12)は、「またお伺いします」の「また」という表現から、今ではなく後で発言することが求められている文である。しかし、韓国語話者の学習者は、「何かあったら聞いてください」と今質問されていると誤解した。ベトナム語話者の学習者は、進行役が鈴木さんに対し「もし何か問題あったら聞いてください」と今意見を求めていると誤解した。

　2つ目は、「後で」「お伺いします」という表現を適切に聞きとることができず、後ではなく今質問されていると誤解した例である。

（13）は販売する商品が決まってから、詳細を考えることに決まった後の進行役の発言である。

（13）　販売する商品が決定し次第皆さまにお知らせいたします。え〜。まだいろいろご質問等があると思いますが、<u>後で時間があったらお伺いします</u>。

　（13）は、「後で時間があったら」の「後で」という表現から、今ではなく後で発言することが求められていることがわかる。しかし、ベトナム語話者の学習者は今質問があるかどうかを確認していると誤解した。スロバキア語話者の学習者は、議題に出た商品について今話すかどうかを質問していると誤解した。
　（12）も（13）も、会議では結論をすぐその場で出さずに先延ばしにすることがあることや、そのときに「また」、「後で」という表現を使うことが多いということを知らなかったために、誤解した可能性がある。
　このように、学習者は「また」「後で」という表現を適切に聞きとることができず、後ではなく今発言するように求められていると誤って理解し、話の移り変わりを適切に理解できないことがある。

3.3　議題を終えるために質問の有無を確認する表現を理解する　　難しさ

　議題提供者による報告や説明が一段落した後に、進行役が「じゃ、もう質問ないですね」や「ほかにございませんね」という表現を使って質問や意見がないことを確認して今の議題を終わらせ、次の議題に移ることがある。しかし、学習者は「他に質問や問題がない」という否定や「新たな議題について話したいことがあるか」という質問だと誤解することがある。ここでは、進行役が他に質問や意見がないことを確認して次の議題に進もうとしているのを、新たな議題に関する否定や質問だと誤解した例を2つ示す。
　1つ目は、「じゃ、もうご質問ないですね」という表現を適切に聞

きとることができず、今の議題に対する質問がないかという確認を、新たな議題に対する質問や否定だと誤解した例である。

（14）はある議題についての検討が終わった後の進行役の発言である。

（14）　じゃ、もうご質問ないですね。

（14）は、「じゃ、もうご質問ないですね」の「じゃ、もう」という表現から、今の議題に対する質問がないかを確認していることがわかる。しかし、ドイツ語話者の学習者は、「新しいトピックについて質問がないか」と質問されていると誤解した。英語話者の学習者は、「質問はない」と否定したと誤解した。

2つ目は、「ほかに、ございませんね」という表現を適切に聞きとることができず、今の議題に対する質問や意見がないかという確認を、新たな議題に関する質問や否定だと誤解した例である。

（15）はすべての協議事項についての検討が終わった後の進行役の発言である。

（15）　ほかに、ございませんね。

（15）は、「ほかに、ございませんね」の「ほかに」という表現から、今の議題に対する質問や意見がないかを確認していることがわかる。

しかし、ベトナム語話者の学習者は、「新しいトピックについて質問や意見がないか」と質問されていると誤解した。スペイン語話者の学習者は、「他にない」と否定したと誤解した。

会議では報告や説明が一段落した後に、他の参加者からの質問や意見がなければその議題を終える。そして、そのときに進行役が「ないですね」や「ございませんね」という表現を使って、他の参加者に質問や意見がないことを確認することがある。また、そのときに「もう」、「ほかに」という表現をいっしょに使うことが多い。（14）も（15）も、適切に聞きとることができなかった学習者はそう

した背景知識を持っていなかったために、誤解した可能性がある。

　このように、学習者は他に質問や意見がないかを確認する「もう」「ほかに」「ございませんね」という表現を適切に聞きとることができず、新たな議題に対する質問や、質問はないという否定だと誤って理解し、話の移り変わりを適切に理解できないことがある。

4. 発言者の意見を理解する難しさ

　会議では、発言者が(16)や(17)のような表現を使って自分の意見を示すことがある。

(16)　言いさし表現
(17)　「んじゃない」を使った表現

　しかし、学習者は(16)や(17)の表現が、発言者の意見を表していることに気づかないことがある。(16)の難しさについては4.1で、(17)の難しさについては4.2で詳しく述べる。

4.1 言いさし表現から意見であることを適切に理解する難しさ

　会議において、発言者は自分の意見を述べるときに、文末まで明示せず、言いさし表現を使うことがある。学習者にとって、言いさし表現を使って意見が述べられたとき、意見かどうかを適切に理解することは難しい。

　ここでは、言いさし表現が使われたために、意見だと気づかなかった例を2つ示す。

　1つ目は、言いさし表現が使われために発言者が意見を述べたということが適切に理解できなかった例である。

　(18)はスーパーで行う北海道フェアを市のイベントとタイアップすることになり、その日程についての社員の発言である。

（18）　もし、タイアップするなら23日の週の水曜日、21日から始めて26日に終わるようにした方がいい<u>かと</u>。

　（18)は「思います」が省略された「かと」という言いさし表現を使って意見が述べられている。しかし、韓国語話者の学習者はこの発言者はまだ話し終わっておらず、発言者が続けて発言すると誤って理解した。

　2つ目は、「んですが」という言いさし表現による意見を適切に理解できなかった例である。

　（19)はスーパーで行う5周年の記念イベントの内容について、社員の他の社員に対する発言である。

（19）　他社でもいろいろやられていると思うんで特に、ここで目新しさが出せるかっていうと、そうでもないという印象を受け<u>るんですが</u>。

　（19)は「んですが」という言いさし表現を使って意見を表している。これに対し、英語話者の学習者はまだ発言者は言い終わっておらず、このまま続けて話すと誤って理解していた。

　このように、学習者は発言者の意見を表す「かと」「んですが」という言いさし表現を適切に聞きとることができず、発言の途中であると誤って理解し、意見であることを適切に理解できないことがある。

4.2「んじゃない」から意見であることを適切に理解する難しさ

　会議では、はっきり断定しないで意見を述べるときに「んじゃない」という表現が使われる。このような断定しないで意見を述べる「んじゃない」が使われたとき、学習者にとって発言者が意見を述べているということを適切に理解することが難しい。

　ここでは、「んじゃない」を適切に聞きとれなかった例を2つ示す。

　1つ目は、「いい」の後に「んじゃない」という表現を使って意見

が述べられたときに、意見だということを適切に理解できなかった例である。

　(20)は、スーパーでの5周年イベントの日時について社員の提案に対しての部長の発言である。

(20)　特に会場等問題がないようだったら、いいんじゃないかな。

　韓国語話者の学習者とアルメニア語話者の学習者は、「いいんじゃないかな」の「いいんじゃない」を、「いい」「じゃない」と聞きとり、「よくない」という意味だと誤解した。そのため、学習者は部長が反対していると判断し、会議では引き続き会場を探すのだと誤解した。
　2つ目は、「たほうがいいんじゃない」という表現を使って意見が述べられたときに、意見だということを適切に理解できなかった例である。
　(21)は、アルバイトの時給を1,000円以上にするのは難しいという部長の意見に対する社員の発言である。

(21)　いきなり、時給をあげるのは、まあ結構難しいとは思うんですけど、少し様子をみて、その辺りのことも今後検討していったほうがいいんじゃないでしょうか。

　フランス語話者の学習者と英語話者の学習者は、「んじゃない」という表現によって社員が意見を述べたとは理解できず、「検討していったほうがいいんじゃないでしょうか」の「でしょうか」に注目し、社員が部長に質問していると誤って理解した。
　このように、学習者ははっきり断定しないで意見を述べる「んじゃない」を適切に聞きとることができず、「いい」と「じゃない」の組み合わせだと考え、否定の意味を表すと誤解したり、後の「でしょうか」から質問だと誤解したりし、発言者の意見を適切に理解できないことがある。

5. 発言者が反対していることを理解する難しさ

　会議では、発言者が(22)や(23)のような表現を使って意見や提案に反対だということを示すことがある。

(22)　逆接の接続詞
(23)　「どうかな」を使った表現

　しかし、学習者は発言者が(22)や(23)の表現を使って提案や意見に反対していることに気がつかないことがある。(22)の難しさについては5.1で、(23)の難しさについては5.2で詳しく述べる。

5.1 逆接の接続詞から反対していることを理解する難しさ

　会議では、発言者が提案や意見に反対するとき、「反対します」「違うと思います」のような文末ではっきりと反対する表現を使わずに、文頭で「でも」「しかし」のような逆接の接続詞を使って相手の意見に反対することがある。このように発言者が接続詞を使って相手の意見に反対したとき、学習者にとって発言者が反対しているということを適切に理解することは難しい。
　ここでは、文末ではっきりと反対する表現を使わずに、逆接の接続詞で相手の意見に反対しているため、発言者が反対しているということを適切に理解できなかった例を2つ示す。
　1つ目は、逆接の接続詞「でも」を使って相手の意見や提案に反対した例である。
　(24)は、スーパーで行う北海道フェアの日程を決めるにあたり、ある社員による11月の市のイベントとタイアップしてはどうかという提案に対する別の社員の発言である。

(24)　えっと、<u>でも</u>その頃だったら、例年行っている秋のパンフェアと重なってきませんか。

中国語話者の学習者は、「でも」という逆接の接続詞が使われているが文末には否定表現がないため「賛成している」と誤解した。スロバキア語話者の学習者は「でも」という逆接表現を使って発言者が反対しているということを理解できず、「重なってきませんか」の「ませんか」を聞きとり、提案の「ませんか」だと誤解した。

　2つ目は、相手の意見に対し、先に肯定的な反応を表してから、逆接の接続詞を使って反対した例である。

　(25)はスーパーの記念イベントで芸能人を呼ぶかどうかについてのある社員の発言である。

(25)　そりゃ、来てくれるようなら非常にうれしいと思うんですけれど。でも、それじゃますます予算が。

　(25)では、発言者が「来てくれるようなら非常にうれしい」と別の社員の芸能人を呼ぶという提案に対し肯定的な意見を述べた。その後で、「でも」という接続詞を使い、発言者は相手の意見に反対していることを示した。フランス語話者の学習者と中国語話者の学習者は、「でも」という逆接の接続詞が使われているが、文末ではっきりとした反対する表現が使われていなかったため、発言者が意見に反対しているということを適切に理解できず、初めの「来てくれるようなら非常にうれしい」という肯定的な発言から賛成していると誤解した。

　このように、学習者は発言者が先に肯定的な意見を述べてから、文末にはっきりとした反対の表現を使わずに、逆接の接続詞を使って反対意見を示す場合、適切に聞きとることができず、発言者が相手に賛成したり提案したりしていると誤解し、発言者が意見に反対しているということを適切に理解できないことがある。

5.2「どうかな」を適切に聞きとる難しさ

　会議では、相手の意見や提案に柔らかく反対するため「どうかな」が使われることもある。しかし、この「どうかな」のような柔

らかく反対する表現が使われたとき、学習者にとって発言者が反対
しているということを適切に理解することは難しい。ここでは、
「どうかな」を使って発言者が反対していることを適切に理解でき
なかった例を2つ示す。

　1つ目は、学習者が「どうかな」といっしょに否定的な理由が述
べられていることを聞きとれなかった例である。(26)では記念イ
ベントを盛り上げるために、芸能人を呼ぶのはどうかという提案に
対する部長の発言である。

(26)　予算がね。どうかな。それに芸能人を呼ぶっていうのもあり
　　　きたりっちゃありきたりだからね。

　(26)では、「どうかな」の後で「芸能人を呼ぶっていうのもあり
きたり」と反対する理由を述べている。しかし、英語話者の学習者
とスロバキア語話者の学習者は、発言者である部長がはっきりと反
対しておらず、否定的な感じがしない上に、部長が述べた理由もき
ちんと聞きとることができなかったため、賛成していると理解して
しまった。

　2つ目は、学習者が相手の意見や提案に柔らかく否定する「ちょ
っとどうかな」の「どうかな」だけを聞きとり、提案だと判断した
例である。(27)は、スーパーで秋に行う北海道フェアを去年と同
じ時期にしてはどうかという提案に対するある社員の発言である。

(27)　そ、それでですね。台風が来るとどうしても、客足が伸びな
　　　いことが多いんでちょっとどうかなっていうのはあります。

　(27)では、「ちょっとどうかな」を使い「あまりよくないのではな
いか」という意味で、柔らかく相手の提案に反対している。しかし、
フランス語話者の学習者は、この「ちょっとどうかな」の「ちょっ
と」が聞きとれず、聞き手に意見を求めている「どうかな」だと誤っ
て理解した。また、ブルガリア語話者の学習者も「ちょっと」が聞
きとれず、提案している「どうかな」と誤って判断し、直前の議題だ

った交通機関の話について、意見を求めていると誤解してしまった。

　このように、学習者は「どうかな」や、「ちょっとどうかな」という表現を適切に聞きとることができず、発言者が相手の意見に賛成したり、意見を求めたりしていると誤解し、発言者が相手の意見や提案に柔らかく反対していることを適切に理解できないことがある。

6. まとめ

　社内での会議場面で、学習者が会議参加者の発話を聞く難しさを調査した。結果をまとめると、会議での発話の聞きとりの難しさは(28)から(30)である。

(28)　学習者は、議題の移り変わりを適切に理解するのが難しい。たとえば、議題のまとめを表す「ということで」が聞きとれずに新たな議題に対する質問だと誤解したり、「また」「後で」が聞きとれず、後ではなく今発言が求められていると誤解し、議題が続くと誤って理解したりする。

(29)　学習者は、発言者の意見を適切に理解するのが難しい。たとえば、発言者が文末を省略する言いさし表現を使って意見を言い終わっているのを、まだ発言が続いていると誤解したり、発言者の意見を示す「んじゃない」を質問や意見求めだと誤解したりする。

(30)　学習者は、発言者が反対していることを適切に理解するのが難しい。たとえば、相手の意見に否定的であることを示す逆接の接続詞があっても、文末表現が否定的でないために賛成していると誤解したり、相手の意見に否定的であることを示す「どうかな」を提案や意見求めだと誤解したりする。

　会議での発話の聞きとりは、(28)から(30)のような難しさがあり、これらが会議の中での学習者の誤解の要因になっている。

（首藤美香・鋤野亜弓）

参考文献

蒙韞（韞）（2018）「ビジネス上の接触場面におけるコミュニケーション困難点の解明―中国の日系企業を一例として」『BJジャーナル』1: pp. 67–80. ビジネス日本語研究会

会議の発話を聞く教材の作成

1. 会議の発話を聞く教材の作成方針

　会議の発話を聞く教材はまだあまり作られていない。ビジネス日本語を題材にした教材の中で扱われていることがあるだけである。その場合も、実際に会議の発話を聞きとれるようになることを目指す聴解練習を取り入れているものは少ない。

　たとえば、『人を動かす！　実践ビジネス日本語会話中級2』のようなビジネスにおける会話力を効果的に高めることを目指す教材では、音声がついていても、モデル会話を読んでから、会話の流れを認識するために聞くという会話の補助的な役割を担うものであることが多い。聴解を主とした練習であっても、『BJTビジネス日本語能力テスト公式模擬テスト＆ガイド』のように、テストのための練習として会話を聞き、一連の会話の全体的な内容理解を問うものがほとんどである。

　このような聴解教材は、会議において何に重点をおいて聞きとることが重要であるかということや、そのためにどのような音声を聞きとる必要があるのかという情報が示されていない。

　今後は、実際に会議に参加したときに、何に注意して聞きとる必要があり、そのためにどのような音声を聞きとる必要があるのかという情報が示されており、その情報を活用して聞いた内容を理解する練習が提供されている聴解教材の開発が必要になる。具体的には、たとえば(1)から(3)のような教材の開発である。

(1)　　結論が出たかどうかを聞きとる教材
(2)　　質問や意見がいつ求められているかを聞きとる教材

(3)　提案や意見に反対していることを聞きとる教材

　(1)については2.で、(2)については3.で、(3)については4.で述べる。

2. 結論が出たかどうかを聞きとる教材

　複数の議題が扱われることが多い会議では、結論が出て次の議題に移る場合と、結論を先延ばしにして次の議題に移る場合がある。会議の参加者として、その議題は結論が出たのか、それとも、まだ結論が出ておらず引き続き検討しなければならないのかを理解することは重要である。そのため、会議の発話を聞く教材では、結論が出たかどうかを聞きとる教材を作る必要がある。具体的には(4)と(5)のような教材である。

(4)　結論が出たことを聞きとる教材
(5)　結論が先延ばしにされたことを聞きとる教材

　(4)については2.1で、(5)については2.2で述べる。

2.1 結論が出たことを聞きとる教材

　会議には進行役がおり、結論が出た場合は進行役が結論を要約して確認することが多い。たとえば(6)のようなものである。

(6)　では、セキュリティ対策の強化として、アクセス制限機能を追加するということでよろしいですね。

　議題提供者から提供された議題について質疑応答や意見交換が行われた後、それまでに話されてきたことを受けて判断することを表す「では」のような接続詞に続けて結論が示され、内容を要約した

ことを表す「ということ」のような表現によって結論を言い終わったことが示されることが多い。

　聴解教材としては、「議題について質疑応答や意見交換が行われた後」という状況を示した上で、(7)から(9)のような段階を踏んで、結論が出たことを理解できるようにするのがよい。

(7)　「では」や「じゃ」といった音声から、これから結論が言われると判断する。

(8)　「ということ」や「そういうこと」といった音声から、結論を言い終わったと判断する。

(9)　(7)と(8)の間の音声から、結論を聞きとる。

　最初に、(7)の段階では、質疑応答や意見交換が行われた後で、「では」や「それでは」、「じゃ」、「じゃあ」という音声が聞こえたら、これから結論が言われる可能性が高いという説明をする。そして、(6)のように「では」や「じゃ」といった表現が含まれている音声と、同じような場面において言われる可能性の高い、(10)のような「では」や「じゃ」といった表現が含まれていない音声を聞いて、結論が言われているかどうかを判断する練習を行う。

(10)　まー、予算的にもこのほうがいいですかね。

　次に、(8)の段階では、(7)の「では」や「じゃ」といった音声の後で、「ということ」や「そういうこと」という音声が聞こえたら、結論が述べられた可能性が高いという説明をする。「こと」の代わりに「やり方」や「方向」という表現が用いられることがあることも説明する。そして、(6)の「では」と「ということ」のように両方の表現が含まれている音声と、(11)のように「では」や「じゃ」といった表現は含まれているが「ということ」や「そういうこと」といった表現は含まれていない音声を聞いて、結論が言われたかどうかを判断する練習を行う。

(11)　じゃ、田中さんもこれで問題ありませんか。

　最後に、(9)の段階では、(7)の「では」や「じゃ」といった音声の後から、(8)の「ということ」や「そういうこと」といった音声の前までが結論であると説明する。そして、(12)のような音声を聞いて、点線部分の「全国展開での販促イベントの開催は来月に延期する」が結論であることを理解する練習を行う。

(12)　じゃあ、<u>全国展開での販促イベントの開催は来月に延期するということ</u>でお願いします。

　このように、結論は決まった表現で表されることがあるので、ここで示したような説明と練習によってそれを聞きとれるようになる教材が必要である。

2.2 結論が先延ばしにされたことを聞きとる教材

　会議では、なかなか結論が出なかったり、時間がなかったりするために結論が先延ばしにされることがある。たとえば(13)のようなものである。

(13)　えーとそれを、どうふくらましていくかっていうことに関しては、<u>次回の議題</u>にしましょうか。

　提供された議題に対して質疑応答や意見交換が行われた後、今は話すことを終えて、次の会議に持ち越すことを表す「次回の議題にしましょうか」のような表現が用いられて、その議題が終わることがある。
　聴解教材としては、2.1のような結論が出たことを聞きとる練習をした後で、(14)と(15)のような段階を踏んで、結論が先延ばしにされたことを理解できるようにするのがよい。

（14）　「次回の議題」や「持ち越す」といった音声から、結論が先延
　　　　ばしになったと判断する。
（15）　結論が述べられたか、先延ばしになったかを聞きとる。

　最初に、(14)の段階では、結論が先延ばしになったことを表す音
声として、(16)の表現が使われる可能性が高いという説明をする。

（16）　「次回の議題」「次回の協議」「次の検討事項」「次の回」「もう
　　　　少し考える」「考え直す」「持ち越す」

　そして、(13)のように「次回の議題」や「持ち越す」といった表
現が含まれている音声と、(17)のように「次回の議題」や「持ち越
す」といった表現が含まれていない音声を聞いて、結論が先延ばし
になったかどうかを判断する練習を行う。

（17）　お客様相談会についてはだいたいそういった内容で大丈夫で
　　　　しょうか。

　次に、(15)の段階では、(18)のような「それでは」と「という方
向」といった両方の表現が含まれている音声と、(19)のような「次
の回に」や「持ち越す」といった表現が含まれている音声を聞いて、
それぞれについて結論が述べられているか、結論が先延ばしにされ
ているかを聞きとる練習を行う。

（18）　それでは、500万円程度の開発計画を立てるという方向で進
　　　　めたいと思います。
（19）　まー予算は一応確定したということですし、あとは次の回に。

　このように、結論が先延ばしにされたことは決まった表現で表さ
れることがあるので、ここで示したような説明と練習によってそれ
を聞きとれるようになる教材が必要である。

3. 質問や意見がいつ求められているかを聞きとる教材

　検討事項がある議題の場合は、議題提供者や進行役から他の参加者に対して質問や意見が求められることがある。会議の参加者にとって、質問や意見が求められているかどうかと、質問や意見が今求められているのか、後で言うよう求められているのかというタイミングを理解することは重要である。そのため、会議の発話を聞く教材では、質問や意見がいつ求められているかを聞きとる教材を作る必要がある。具体的には(20)と(21)のような教材である。

(20)　質問や意見が求められていることを聞きとる教材
(21)　質問や意見がいつ求められているかを聞きとる教材

　(20)については3.1で、(21)については3.2で述べる。

3.1 質問や意見が求められていることを聞きとる教材

　検討事項のある議題の場合、議題提供者による報告や説明が一段落した後で、議題提供者や進行役から質問や意見が求められることが多い。たとえば(22)や(23)のようなものである。

(22)　はい、ありがとうございます。それでは、<u>ご質問、ご意見</u>があるかたいらっしゃいますでしょうか。
(23)　<u>ほかに</u>ありますでしょうか。

　議題提供者が報告や説明をした直後では、(22)のように「ご質問」「ご意見」のような表現を使って、他の参加者に質問や意見が求められることが多い。いくつかの質問や意見が出た後では、(23)のように「ほかに」「ほかのかた」のような表現を使って、さらに質問や意見が求められることもある。
　聴解教材としては、(24)と(25)のように状況別に、質問や意見が求められていることを理解できるようにするのがよい。

(24)　議題提供者の説明が終わった直後に言われる「ご質問」や
　　　「ご意見」、「何か」といった音声から、質問や意見が求められ
　　　ていることを聞きとる。
(25)　議題について質問や意見がいくつか出た後に言われる「ほか
　　　に」や「ほかのかた」といった音声から、質問や意見が求め
　　　られていることを聞きとる。

　最初に、(24)の状況について、「議題提供者の説明が終わった直
後である」ことを説明した後で、「ご質問」や「ご意見」、「何か」と
いう音声が聞こえたら、質問や意見が求められている可能性が高い
という説明をする。そして、(22)のように「ご質問」や「ご意見」、
「何か」といった表現が含まれている音声や、(26)のように「ご質
問」や「ご意見」、「何か」が含まれていない音声を聞いて、それぞ
れについて質問や意見が求められているかどうかを聞きとる練習を
行う。

(26)　えー、今おっしゃった開発経緯についてもう少し詳しく説明
　　　していただけますか。

　次に、(25)の状況について、「議題について質問や意見がいくつか
出た後である」ということを説明した後で、「ほかに」や「ほかのか
た」という音声が聞こえたら、質問や意見がさらに求められている
可能性が高いという説明をする。そして、(23)のように「ほかに」
や「ほかのかた」が含まれている音声や、(27)のような「ほかに」
「ほかのかた」が含まれていない音声を聞いて、それぞれについて
質問や意見がさらに求められているかどうかを聞きとる練習を行う。

(27)　時間のこともありますので、次に行きます。

　このように、質問や意見を求めるときには状況によって決まった
表現で表されることがあるので、ここで示したような説明と練習に
よってそれを聞きとれるようになる教材が必要である。

3.2 質問や意見がいつ求められているかを聞きとる教材

　質問や意見が複数出されたが結論がなかなか出ない場合や、検討する時間が十分にない場合には、他に質問や意見があっても今ではなく後で言うように求められることがある。たとえば(28)のようなものである。

(28)　ちょっとあの、のちほどお聞きしますんで、とりあえず先、
　　　　進みます。

　(28)の「のちほど」のような表現と、「お聞きします」のような表現を組み合わせて、今ではなく後で質問や意見を言うように求められることがある。
　聴解教材としては、3.1の質問や意見が求められていることを聞きとる練習をした後で、「議題について質問や意見がいくつか出た後である」という(25)と同じ状況を示した上で、(29)と(30)のように段階別に、質問や意見がいつ求められているかを理解できるようにするのがよい。

(29)　「のちほど」や「また」といった表現と、「お聞きします」や
　　　　「お伺いします」といった表現を組み合わせた音声から、質
　　　　問や意見を後で言うよう求められていると判断する。
(30)　質問や意見が今求められているか、後で言うよう求められて
　　　　いるかを聞きとる。

　最初に、(29)の段階では、質問や意見を後で言うよう求める音声として、(31)のa.とb.の組み合わせが使われる可能性が高いという説明をする。

(31)　a.「のちほど」「あとで」「また」「時間があったら」
　　　　b.「お聞きします」「お伺いします」「お願いします」

そして、(31)のa.とb.が組み合わされている(28)のような音声や、(31)のa.かb.のどちらかしか含まれていない(32)のような音声を聞いて、それぞれについて質問や意見を後で言うよう求められているかどうかを判断する練習を行う。

(32)　これはまたあとで出てくるんで、その時に詳しく説明します。

　次に、(30)の段階では、(33)のような質問や意見が今求められている音声や、(34)のような質問や意見を後で言うよう求められている音声を聞いて、質問や意見がいつ求められているかを聞きとる練習を行う。そのとき、質問や意見を求める「ほかに」や「ほかのかた」という表現があっても、(31)のa.とb.の組み合わせも使われていれば、今ではなく後で言うよう求められているという説明を追加しておく。

(33)　はい、じゃあ、ほかに何かあるかたいらっしゃいますでしょうか。
(34)　えー、ほかに何かあったら、またあとでお願いします。

　このように、質問や意見が今求められているか、後で言うよう求められているかは決まった表現で表されることがあるので、ここで示したような説明と練習によってそれを聞きとれるようになる教材が必要である。

4. 提案や意見に反対していることを聞きとる教材

　会議の目的は、意見交換をして結論を出すことである。そのため、ある人が提案をしたり意見を出したりした後で、次に意見を言う人が前の人の提案や意見に対して反対か賛成かという立場を示しながら話すことが多い。会議の参加者にとっては、意見を言う人が前の人の提案や意見に賛成しているのか反対しているのかを理解するこ

とが重要である。

　日本語の会議では、「違うと思います」や「反対します」のように、はっきりと反対であることを示すことが少ないため、反対していることを聞きとるのは特に難しい。そのため、会議の発話を聞く教材では、提案や意見に反対していることを聞きとる教材を作る必要がある。具体的には(35)と(36)のような教材である。

(35)　接続詞やあいづちから、反対していることを聞きとる教材
(36)　「どうかな」から反対していることを聞きとる教材

　(35)については4.1で、(36)については4.2で述べる。

4.1 接続詞やあいづちから反対していることを聞きとる教材

　ある人が提案や意見を述べた後で、次に話す人がそれに反対していることを表すとき、話し始めに(37)の「でも」のような逆接の接続詞が使われることがある。

(37)　A：9月に開催するなら、土日がいいですかね。
　　　 B：土日かー。でも、先月は平日の夜のほうが人が多くなかった？

　また、(38)の「うーん」のような否定的なあいづち表現を使って反対していることが表されることもある。

(38)　A：一般の人向けの広告ですし、難しい用語にはふりがなをつけることにしたいと思います。
　　　 B：うーん、なんか難しくてもいいんじゃないですかね。

　聴解教材としては、(39)のように、前の人の提案や意見に反対していることを理解できるようにするのがよい。

(39) 前の人が言った提案や意見を受けて、次の人が話し始めると
　　　きに、「でも」や「うーん」といった音声があることから、前
　　　の人の提案や意見に反対していることを聞きとる。

　(39)では、前の人の言った提案や意見を受けて、次の人が話し
始めるときに、「でも」や「けど」、「ですが」といった逆接の接続詞
や、「うーん」や「いやー」といった否定的なあいづち表現が聞こえ
たら、相手の提案や意見に反対している可能性が高いという説明を
する。そして、(37)Bや(38)Bのような「でも」や「うーん」など
が含まれている音や、(40)のような「でも」や「うーん」が含まれ
ていない音声を聞いて、前の人の提案や意見を受けて反対している
かどうかを聞きとる練習を行う。

(40) えーっと、この段取りってどうなってるんでしたっけ？

　このように、文末に否定的な表現がなくても、前の人の発言を受
けた直後の逆接の接続詞や否定的なあいづち表現によって前の人の
提案や意見に対して反対していることが表されることがある。その
ため、ここで示したような説明と練習によってそれを聞きとれるよ
うになる教材が必要である。

4.2 「どうかな」から反対していることを聞きとる教材

　相手の発言に対して反対していることを表す場合、「どうかな」と
いう表現が使われることもある。たとえば(41)のようなものである。

(41) お客様への見せ方として、ちょっとどうかなって。

　ある人が提案や意見を述べた後で、次に話す人がそれに反対して
いることを表すとき、(41)のように、「どうかな」という疑問を投
げかける表現が使われることがある。しかし、「どうかな」は同じよ
うな場面で、(42)のような提案として使われることもある。

(42) 来月は販売台数を少し増やしたらどうかな。

　聴解教材としては、(43)から(45)のような段階を踏んで、「どうかな」と聞いて、新たに提案しているのか、前の人の提案や意見に反対しているのかを理解できるようにするのがよい。

(43) 「たら」や「ては」といった表現と「どうかな」の組み合わせから、新たに提案していると判断する。
(44) 「ちょっと」や「それも」といった表現と「どうかな」の組み合わせから、前の人の提案や意見に反対していると判断する。
(45) 「たら」「ては」「ちょっと」「それも」などと「どうかな」の組み合わせの表現から、新たに提案しているのか、前の人の提案や意見に反対しているのかを聞きとる。

　最初に、(43)の段階では、(46)の組み合わせの音声が聞こえたら、新たに提案している可能性が高いという説明をする。

(46) ｛たら／ては｝　＋　どうかな

　そして、(42)のように新たに提案をしている音声と、同じような場面において言われる可能性の高い、(47)のような「たらどうかな」や「てはどうかな」が含まれていない音声を聞いて、新たに提案されているかどうかを判断する練習を行う。

(47) 売り上げはどのぐらい見込んでいるんですかね。

　次に、(44)の段階では、(48)の組み合わせの音声が聞こえたら、前の人の提案や意見に反対している可能性が高いという説明をする。

(48)
$$\left.\begin{array}{l}\text{ちょっと}\\\text{それも}\\\text{それは}\end{array}\right\} \quad + \quad \text{どうかな}$$

　そして、(41)のように「ちょっとどうかな」や「それもどうか
な」といった表現が含まれている音声と、同じような場面において
言われる可能性の高い、(49)のような「ちょっとどうかな」や「そ
れもどうかな」といった表現が含まれていない音声を聞いて、前の
人の提案や意見に反対しているかどうかを判断する練習を行う。

(49)　1つ質問してもよろしいですか。

　最後に、(45)の段階では、(50)のような「たら/ては＋どうかな」
という表現が含まれている音声や、(51)のような「ちょっと/それ
も/それは＋どうかな」という表現が含まれている音声を聞いて、
それぞれについて新たな提案をしているのか、前の人の提案や意見
に反対しているのかを聞きとる練習を行う。

(50)　ここのデザインは青色にしたらどうかな。
(51)　人員配置を変更するっていうのは、ちょっとどうかなと。

　このように、同じ「どうかな」という表現でも、新たな提案をし
ているのか、前の人の提案や意見に反対しているのかということを
表すには、それぞれ決まった組み合わせの表現があるので、ここで
示したような説明と練習によってそれぞれを聞きとれるようになる
教材が必要である。

5. まとめ

　会議の発話を聞く教材についてここまで述べてきたことをまとめ
ると、(52)から(54)のようになる。

(52) 「では」や「ということ」のような表現から結論が出たことを
聞きとったり、「次回の議題」のような表現から結論が先延ば
しにされたことを聞きとったりする教材を作成する。

(53) 「質問」や「ほかに」のような表現から質問や意見が求められ
ているかどうかを聞きとったり、「のちほど」と「お聞きしま
す」のような表現の組み合わせから質問や意見がいつ求めら
れているのかを聞きとったりする教材を作成する。

(54) 「でも」のような逆接の接続詞や、「うーん」のような否定的
なあいづち、「ちょっと」と「どうかな」の組み合わせなどか
ら提案や意見に反対していることを聞きとる教材を作成する。

　ここでは、会議の発話を聞くのに必要だと考えられる(52)から
(54)の3つの教材を取り上げた。今後は、「会議で話される内容や表
現」や「学習者が会議を聞く難しさ」の調査を進め、さらにさまざ
まな教材を開発していく必要がある。

（中尾有岐・阪上彩子）

調査資料

『BJTビジネス日本語能力テスト公式模擬テスト＆ガイド』, 日本漢字能力検定協
　　会, 日本漢字能力検定協会, 2017
『人を動かす！　実践ビジネス日本語会話中級2』, 日米会話学院日本語研修所,
　　スリーエーネットワーク, 2017

第 6 部

教材の
試用結果

教材のアジアでの試用結果

1. 教材のアジアでの試用結果の概要

　本書で示した方針で作成された教材としてウェブ版日本語聴解教材「日本語を聞きたい！」がある。「日本語を聞きたい！」は、「実際の場面に沿った状況設定」で、「実際に使われる表現」を使い、「実際に聞くような音声」を聞くことで、相手の発話を聞きとれるようになることを目標とした聴解ウェブ教材である。本教材の構成や内容についてフィードバックを得るため、ウェブ上で公開されているもののうち、日常生活に関わるテーマを扱った「コンビニ」「コーヒーショップ」「カラオケ店」「自宅のインターホン」の4つについて、アジアの初級学習者に試用してもらい、アンケート調査を行った。調査で得られた回答を集計した結果を(1)から(4)に分けて示す。

(1)　教材で使われている日本語に関する評価
(2)　教材の実用性に関する評価
(3)　教材の多言語対応に関する評価
(4)　教材の練習に関する評価

　(1)については3.で、(2)については4.で、(3)については5.で、(4)については6.で詳しく述べる。

2. 調査方法

　調査は、(5)と(6)の手順で行った。

(5) ウェブ版日本語聴解教材「日本語を聞きたい！」にアクセスして、「コンビニ」「コーヒーショップ」「カラオケ店」「自宅のインターホン」の4つを試用してもらう。

(6) 「コンビニ」「コーヒーショップ」「カラオケ店」「自宅のインターホン」それぞれの教材について、アンケートに記入してもらう。

　調査協力者は、主に大学で日本語を学習している初級前半までの学習者140名である。調査で使用した「コンビニ」「コーヒーショップ」「カラオケ店」「自宅のインターホン」はそれぞれ、英語版、中国語（簡体字・繁体字）版、韓国語版の4種類から選ぶことができる。調査協力者には、その中から使いたいものを選んでもらった。調査は、マニラ、大連、台北、釜山など、アジアの複数の都市で実施した。
　アンケートは、英語版、中国語（簡体字・繁体字）版、韓国語版の4種類を用意した。調査協力者には各項目について、「とてもよい」、「よい」、「どちらかと言えばよい」、「どちらかと言えばよくない」、「よくない」、「ぜんぜんよくない」のような6段階評定で回答してもらった。また、自由記述欄を設け、教材に対する意見や提案について、4種類の言語のいずれかで書いてもらった。
　調査で使用した教材の概要は(7)から(10)のとおりである。

(7) コンビニ：コンビニエンスストアのレジで支払いをするとき、ポイントカードの有無、袋や箸などが必要かどうかなど、店員から何について聞かれているかを聞きとる。

(8) コーヒーショップ：コーヒーショップに入ったとき、テイクアウトかどうかや飲み物のサイズは何にするかなど、店員から何について聞かれているかを聞きとる。

(9) カラオケ店：カラオケ店に入ったとき、利用人数や割引券の有無、利用時間や機種の希望など、店員から何について聞かれているかを聞きとる。

(10) 自宅のインターホン：自宅のインターホンが鳴ったとき、訪問者はだれか、訪問の目的は郵便などの配達かセールスや勧

誘なのかを聞きとる。

3. 教材で使われている日本語に関する評価

　この教材で使われている日本語に関する評価については、「この教材で使われている日本語についてどう思うか」という質問項目に対する回答結果を見ていく。

　この質問項目に対する回答結果は表1のとおりである。「とてもよい」「よい」「どちらかと言えばよい」という肯定的な回答が100%近くを占めた。

表1：教材で使われている日本語についての回答結果

とても よい	よい	どちらかと 言えばよい	どちらかと 言えばよくない	よく ない	ぜんぜん よくない
43%	41%	15%	1%	0%	0%

　自由記述でも、(11)や(12)のように実際に話されている日本語が使われていることについて肯定的な意見が得られた。

(11)　実際に現地で使われている語彙でできているという点でとてもよい。また、録音された音声があり、生の音声と抑揚がわかってとてもよかった。

(12)　自然な音声で、実際の生活で聞かれる音声だ。

　この教材は、コンビニやカラオケショップなどの現実的な場面で調査した結果に基づいて、実際に話されている日本語の表現が使われている。また、その表現の音声は、その場面で聞くような年齢、性別などを想定し、その範囲でさまざまな人の声で聞けるようにしている。この方針が高く評価されたと言える。

4. 教材の実用性に関する評価

　この教材の実用性に関する評価については、「この教材が役に立つと思うか」という質問項目に対する回答結果を見ていく。
　この質問項目に対する教材別の回答結果は表2のとおりである。どの教材でも「とても役に立つ」「役に立つ」「どちらかと言えば役に立つ」という肯定的な回答が90%以上を占めた。

表2：教材が役に立つかどうかについての教材別回答結果

	とても役に立つ	役に立つ	どちらかと言えば役に立つ	どちらかと言えば役に立たない	役に立たない	ぜんぜん役に立たない
コンビニ	33%	46%	19%	2%	0%	0%
コーヒーショップ	24%	52%	21%	2%	0%	1%
カラオケ	19%	52%	24%	4%	0%	0%
インターホン	13%	52%	28%	5%	2%	0%

　「役に立つ」と回答した人の自由記述では、(13)や(14)のようにこの教材は実用的だという意見が得られた。

(13)　この教材は内容が生活に密着しており、実用性が高い。そのため、やる気が出る。
(14)　コンビニの表現は私が一番勉強したい内容で、とても実用的だ。

　この教材は、学習者が日本で遭遇するであろう、よくある状況を設定して作成されている。この教材で実際の生活場面を扱っていることについて実用的だと高く評価されたと言える。
　ただし、「自宅のインターホン」教材は、「どちらかというと役に立たない」と「あまり役に立たない」の回答が合わせて7%あった。

「役に立たない」と回答した人の自由記述では、(15)のように、「日本に住んでいない場合、あまり使うことはない」という意見があった。

(15) 日本に住んでいない場合、あまり使うことはないが、日本に住んでいて日本語を初めて学ぶ人にとっては役に立つ。

　自宅のインターホンを日本語で利用するのは、日本在住者に限られる。それでも、表2が示すようにインターホン教材を含め、すべての教材に対して90%以上が役に立つと回答した。このことから、日本の生活場面に即した現実的な状況を設定しているこの教材は、日本在住の学習者に限らず、海外に在住する学習者にとっても実用性があると考えられる。

5. 教材の多言語対応に関する評価

　この教材は、目標、状況設定、解説、練習問題の指示文が多言語に対応している。この教材の多言語対応に関する評価については、「この教材の解説が多言語で書かれていることについてどう思うか」と「この教材は音声がそれぞれの言語の文字を使って書かれている点についてどう思うか」という質問項目に対する回答結果を見ていく。
　多言語で書かれていることについてどう思うかという質問項目については5.1で、教材の音声がそれぞれの言語の文字を使って書かれていることについてどう思うかという質問項目については5.2で述べる。

5.1 教材の多言語対応

　多言語で書かれていることについてどう思うかという質問項目に対する回答結果は表3のとおりである。「とてもよい」「よい」「どちらかと言えばよい」という肯定的な回答が95%近くを占めた。

表3：教材の多言語の対応についての回答結果

とても よい	よい	どちらかと 言えばよい	どちらかと 言えばよくない	よく ない	ぜんぜん よくない
33%	39%	23%	4%	2%	0%

　自由記述でも、(16)や(17)のように多言語で書かれていることについて肯定的な意見が得られた。

(16)　解説が韓国語になっていてよい。

(17)　まず中国語で学習内容を説明し、できるだけ学習者にその内容を理解させてから状況に入る方法がとても勉強しやすい。

　この教材の目標や解説を明示的に学習者に理解してもらうためには、学習者が理解できる言語で解説する必要がある。これが高く評価されたと言える。

5.2 教材の音声表記

　この教材の解説では、練習で聞きとる音声とともに音声表記も示している。音声表記は日本語やローマ字表記がわからなくても日本語の音声がわかるように、各言語の表記方法における文字と音声の関係に従って、英語版はアルファベット、中国語版は漢字、韓国語版はハングルを用いて示している。

　教材の音声がそれぞれの言語の文字を使って書かれていることについてどう思うかという質問項目に対する言語別にした回答結果は表4のとおりである。どの言語でも「とてもよい」「よい」「どちらかと言えばよい」という肯定的な回答が約70%近くを占めた。しかし、中国語は、英語と韓国語に比べると、「どちらかと言えばよくない」が多く、「よくない」「ぜんぜんよくない」と合わせて否定的な回答が20%以上あった。

表4：教材の音声表記について言語別回答結果

	とても よい	よい	どちらか と言えば よい	どちらか と言えば よくない	よく ない	ぜんぜん よくない
英語	24%	31%	31%	10%	3%	1%
中国語	15%	27%	32%	18%	6%	2%
韓国語	38%	46%	12%	1%	1%	2%

　「よい」と回答した人の自由記述では、(18)のようにハングルが使われたことについて肯定的な意見が得られた。

(18)　日本語の音声が韓国語で表記されていて、音声が信頼できた。また、聞きとりから音の高低について一人で練習できそうだ。

　一方、「よくない」と回答した人の自由記述では、(19)のように中国語の表記における文字と音声の関係に従って漢字が使われたことについて否定的な意見が得られた。

(19)　中国語による音声は理解しにくい。

　これは、アルファベットとハングルが表音文字であるのに対し、漢字は表意文字であることが原因であると考えられる。表意文字である漢字で音声を表記するのは新しい試みであるため、中国語版の音声表記について否定的な評価があったと推測される。音声表記があるために、教材がわかりにくくなるのであれば、音声表記を表示させないようにしたり、ひらがなの表記を選択できたりするようにすればよいだろう。

6. 教材の練習問題に関する評価

　この教材の練習問題に関する評価について、「この教材は回答方

法が2択である点についてどう思うか」と「この教材は簡単だったか」という質問項目に対する回答結果を見ていく。

回答方法が2択であることについてどう思うかという質問項目については6.1で、教材は簡単だったかという質問項目については6.2で述べる。

6.1 教材の回答方法

回答方法が2択であることについてどう思うかという質問項目に対する回答結果は表5のとおりである。「とてもよい」「よい」「どちらかと言えばよい」という肯定的な回答が85%近くを占めた。

表5：教材の回答方法についての回答結果

とても よい	よい	どちらかと 言えばよい	どちらかと 言えばよくない	よく ない	ぜんぜん よくない
23%	36%	28%	12%	2%	0%

自由記述でも、(20)のように2択の回答方法について肯定的な意見が得られた。

(20) 2択問題なので多く正解することができ、日本語能力に自信が持てるようにしてくれる。

2択の回答方法は、時間をかけずに問題を解くことができ、練習量を十分にこなすことができるため、この教材は、2択の回答方法が採用されている。2択の回答方法であることが高く評価されたと言える。

6.2 教材の難易度

教材は簡単だったかという質問項目に対する回答結果は表6のとおりである。「とても簡単だった」「簡単だった」「どちらかと言えば

簡単だった」と「簡単だった」と回答した割合が80％を占めた。

表6：教材の難易度についての回答結果

とても 簡単だった	簡単だった	どちらかと 言えば 簡単だった	どちらかと 言えば 難しかった	難しかった	とても 難しかった
13%	31%	36%	17%	2%	0%

　自由記述でも、(21)や(22)のように、目標や聞きとるべき音声が明確であること、そのために滞ることなく問題を進められることに対して肯定的な意見が得られた。

(21)　場面ごとに問題が作られているので、それぞれの場面において何を言っているのかをすぐ判断することができた。

(22)　簡単でさくさく進められた。

　しかし、(23)や(24)のように、「語彙や表現が難しい」、「速度が速い」という否定的な意見も得られた。

(23)　初心者にとってたくさんの単語が聞きとれなかった。文法や文型をまったく知らない。

(24)　日本人が発音している日本語だからなのか、速度が速いと感じた。

　これは、協力者が「すべてを聞きとって意味を理解しなければならない」という考えを持っていることが原因だと考えられる。この教材は、練習で流れる音声のすべてを理解することではなく、何を話しているかを理解するために重要となる必要最小限の表現を聞きとり、必要な内容を理解することを目標としている。中には、内容を理解するために、表現ではなく話すスピードの違いで判断する問題もある。たとえば、「自宅のインターホン」教材では、早く話す音声はセールスマンであり、短くゆっくり話す音声は郵便物などの配

達の人だと判断する問題がある。

　このように、聞こえてくるすべての表現を聞きとれなくても、重要な表現や、重要なポイントが理解できれば内容が理解できるように作られている。聞こえてくるすべての音声が理解できなくても、目的は達成できるという点をより強く伝える必要があるだろう。

7. まとめ

　ウェブ版日本語聴解教材「日本語を聞きたい！」で公開されている教材「コンビニ」「コーヒーショップ」「カラオケ店」「自宅のインターホン」の英語版、中国語(簡体字・繁体字)版、韓国語版について、構成や内容に対するフィードバックを得るため、初級学習者に試用してもらい、アンケート調査を行った。その結果は(25)から(28)のとおりである。

(25)　教材で使われている日本語について、実際に話されている日本語の表現を、実際にその場面で聞く可能性のある人を想定した声で聞くことができる点が高い評価を得た。

(26)　実用性について、学習者が日本で遭遇する可能性が高い現実的な生活場面が設定されている点が実用的だと高い評価を得た。

(27)　多言語対応について、解説や練習問題の指示・選択肢などが学習者の母語で示されていてわかりやすいと高い評価を得た。各言語の文字を使用した音声表記については、英語・韓国語に比べて、中国語の音声表記では理解しにくいという否定的な意見がわずかに多かった。必要に応じて、音声表記の非表示やひらがな表記の選択を可能にするなどの対応が考えられる。

(28)　練習について、時間をかけずに問題を解くことができ、練習量を十分にこなすことができる2択の回答方法である点が高い評価を得た。一方、表現の難しさや音声の速度の速さに対する否定的な意見もあった。この教材は、聴解技術の習得を

目指しており、従来型の聴解教材のように一言一句すべてを聞きとる必要はない。聞こえてくるすべての音声が理解できなくても、目的は達成できるという点をより強く伝える必要がある。

　試用調査の結果、音声表記や使用表現、音声の速度に対して、否定的な意見も寄せられたが、教材の構成や内容について、おおむね好意的に受け入れられたと言える。

（阪上彩子・太原ゆか）

付記

　教材の試用調査では、韓蘭霊氏(大連理工大学)、栗原祐美氏(明新科技大学)、喬曉筠氏(国立政治大学)、三浦昌代氏(東明大学校)、梁廷旬氏(慶熙大学校)、横山菜穂子氏(聖公会大学校)、Roelia Alvarez 氏(University of the Philippines)、本多宏美氏(IKOMA Language school)の協力を得た。

調査資料

「日本語を聞きたい！」, 野田尚史他, 2017–〔https://www.nihongo-tai.com/japanese/kiku/〕

教材のヨーロッパでの試用結果

1. 教材のヨーロッパでの試用結果の概要

　日本語学習者のための聴解教材に関しては、およそ20年も前からその重要性が指摘され、効果的な学習教材の開発が求められている（水町伊佐男他2003）。そして、ITの発展とともに、ウェブで利用できる教材開発はあらゆる分野で進められ、聴解に特化したウェブ教材も開発されている（水町伊佐男他2003、中西家栄子2003）。しかし、これまでは語彙や文法を制限したり、発話速度を調節したりして、レベルに合わせた音声を聞かせるものや拍やアクセントの聞きとりを練習するものが多く、学習者が聞くことが多い実生活の状況を再現し、相手の発話を理解するために聞く必要がある部分を練習するような教材は少なかった。第1部の「コミュニケーションのための日本語聴解教材作成の基本方針」で紹介されているウェブ版日本語聴解教材「日本語を聞きたい！」は、「実際の状況から出発」したものであり、「実際に使われる語彙・文型」を使い、「実際に聞くような音声」を聞いてもらうようにできている。

　教材は開発された後、構成や内容を修正するために学習者に試用してもらい、フィードバックを得ることが重要である。そこで、第1部で紹介しているウェブ版日本語聴解教材「日本語を聞きたい！」で公開されている教材から4つの初級教材「自宅のインターホン」「コーヒーショップ」「カラオケ店」「コンビニ」を選び、ヨーロッパの日本語初級学習者に試用してもらった結果について報告する。

　調査で得られた回答を3つに分けて報告する。

(1) 教材に対する評価
(2) 教材に対する意見
(3) 今後教材化してほしいテーマ

　(1)については3.で、(2)については4.で、(3)については5.で述べる。

2. 調査概要

　2.1で調査協力者について、2.2で調査方法について述べる。

2.1 調査協力者

　調査は、フランス、ドイツ、スペインの3か国で実施した。調査協力者は主としてフランス語、ドイツ語、スペイン語が母語か、または、いちばん得意な言語である初級学習者である。

　調査協力者数は、フランス在住15名、ドイツ在住12名、スペイン在住4名の合計31名である。すべて調査実施国の大学で日本語を学習している学生である。

　日本での滞在経験は、調査協力者のうち20名が日本滞在経験がなく、11名が日本滞在経験があった。日本滞在経験者の滞在期間と目的は、9名が数週間程度の旅行、2名が約1年の短期留学であった。

　調査協力者を日本滞在経験の少ない初級学習者に絞った理由は、海外で日本語学習を始める学習者を意識したからである。この教材は日本の日常生活の場面を教材としているが、日本に滞在した経験がないまま日本語の勉強を始める学生も多い。海外在住の日本語学習者は、日本語を聞く機会が少ない。調査協力者に提出してもらった背景調査によると、日本語を勉強するとき以外の日本語を聞く機会については(複数回答可)、いちばん多かったのが「ドラマや映画」で23名、続いて「授業」で17名、「友人、知り合いとの雑談」で13名、「テレビなどのニュース番組」で9名であった。「その他」

の8名は音楽やゲーム、アニメ、SNS、YouTubeの動画などをあげている。このように、学習者が触れる日本語は、「授業」を除くと「ドラマや映画」「アニメ」「ニュース」などオンライン上の作られた日本語音声に頼るところが大きく、日常生活を切りとった場面による生^{なま}の声を聞く機会は少ない。このような海外で日本語の勉強を始める学習者にも、実際に日本へ行く前に、生^{なま}の日本語に触れる機会、日常のやりとりに触れる機会を持てることに意味があると考える。こうした現状を踏まえ、この調査では、まず初級学習者の声を聞くことにした。

　調査期間は、2019年3月から2021年1月までである。

2.2 調査方法

　調査方法は、(4)(5)のとおりである。

(4)　　ウェブ版日本語聴解教材「日本語を聞きたい！」にアクセスして、「自宅のインターホン」「コーヒーショップ」「カラオケ店」「コンビニ」の4つの教材の中から興味のある教材を選んでもらう。

(5)　　学習者の母語で書かれたアンケート用紙に記入してもらう。

　アンケートでは、「とてもよい」「よい」「どちらかといえばよい」「どちらかといえばよくない」「よくない」「ぜんぜんよくない」のような6段階評定によって教材に対する評価を答えてもらうとともに、教材に対する意見や提案を自由に書いてもらった。基本的には用紙に記入し、回収する形式で調査を行ったが、不明瞭な箇所については、学習者の母語で直接学習者に質問するか、メールで質問した。

　なお、公開されている教材は日本語版、英語版、中国語版、韓国語版があるが、この調査では、調査協力者全員が英語版を選択した。

3. 教材に対する評価

　教材に対する評価については、(6)と(7)の2つを取りあげる。

(6)　　教材全体に対する評価
(7)　　教材の構成に対する評価

　(6)については3.1で、(7)については3.2で詳しく述べる。

3.1 教材全体に対する評価

　教材全体に対する評価では、難しさ、楽しさ、実用性のそれぞれ
の項目で肯定的な評価が得られた。特に評価が高かったのは、ウェ
ブサイトの見やすさと日常的な場面で日本人の発話を直接聞いてい
るように作られている点である。
　まず、難しさについて、この教材は簡単だったかという質問に対
する回答結果は図1のとおりである。おおむねすべての学習者がこ
の教材が簡単だったと思っているという結果になっている。

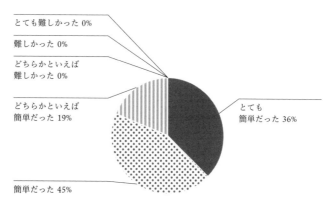

図1：教材の難しさに対する回答結果

　次に、楽しさについての質問である。
　この教材で学習するのは楽しかったかという質問に対する回答結

果は図2のとおりである。評価に幅があったが、およそ7割が肯定的な評価をしているという結果になっている。

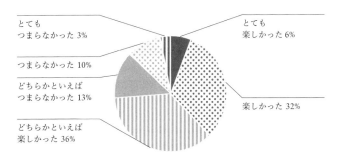

図2：教材の楽しさに対する回答結果

　最後に、実用性についての質問である。
　この教材は実生活に役立つ教材だと思うかという質問に対する回答結果は図3のとおりである。およそ7割が実用的であると評価している結果になっている。

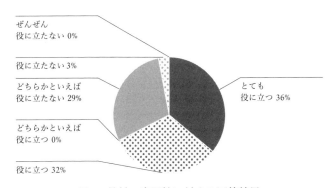

図3：教材の実用性に対する回答結果

　また、音声素材について、この教材が実際に話されている日本語を使っている点についてどう思うかという質問に対する回答結果は図4のとおりである。おおむねすべての調査協力者が肯定的にとらえているという結果になっている。これは実際の日本人の音声を直接聞くことができるということを評価している結果だと言える。

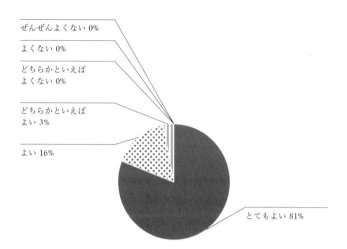

ぜんぜんよくない 0%

よくない 0%

どちらかといえば
よくない 0%

どちらかといえば
よい 3%

よい 16%

とてもよい 81%

図4：教材で話されている日本語に対する回答結果

　教材全体に対する評価として、現実に近い状況に基づいていることに対して高い評価が得られた。具体的には、(8)から(11)のようなコメントがあげられた。

(8)　　シンプルなウェブサイトで、わかりやすく説明されている。
(9)　　日本のコンビニエンスストアの仕組みや状況、分類などについての説明もあって、言語だけでなく日常生活についても学ぶことができる。
(10)　　実際に日本人との会話に役立つような日常的な表現でネイティブと話しているように練習できるのはよい。
(11)　　音声が性別や年齢など異なる人々による生（なま）の声が聞けて、人それぞれの違ったイントネーションや発音、速度に慣れることができる。

　このように、教材全体に対する評価では、難しさ、楽しさ、実用性のそれぞれの項目で肯定的な評価が得られた。調査協力者のコメントでは、わかりやすいウェブサイトである点や日常的な場面で性別や世代の異なるさまざまな日本人と直接話しているような設定に関して好意的な評価が得られた。

3.2 教材の構成に対する評価

　教材の構成に対する評価では、英語で書かれている解説について、肯定的な評価が得られた。特に評価が高かったのは、1つの練習問題の中で課題となるフレーズを繰り返し練習できる点や、練習問題ごとに必要最小限の重要な表現を覚えてから、一文の発話の中でその表現が使われているかどうかを聞きとる練習へと段階を追って積み重ねられる点である。

　まず、解説が英語で書かれている点についての質問である。この教材の解説が英語で書かれている点についてどう思うかという質問に対する回答結果を図5に示す。図5で示すとおり、半数以上の学習者が「とてもよい」と評価し、全体でも肯定的な評価をしている。今回調査を実施した3か国の協力者にとって、英語は母語ではないものの、解説を読むのに支障がない言語だからだと考えられる。

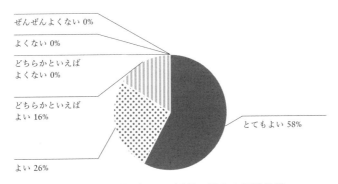

図5：教材の英語による解説に対する回答結果

　次に、教材の構成に対する評価としては、さまざまな側面から高い評価が得られた。具体的には、(12)から(15)のようなコメントがあげられた。

(12)　最初は短く、単純な発話を聞きとる問題で、セクションが進むにつれて徐々に発話が長く複雑になっていく構造は理解しやすいし、意味がある。

(13) 練習する前の聞きとりがセクションごとに分かれているので
　　　便利だ。
(14) 各セクションの文型が繰り返し練習できるので覚えやすい。
(15) 習った表現をベースにした文がいろいろな形で問題に出てく
　　　ることがよい。同じことを言うのにいろいろな表現があるの
　　　を勉強できる。

　このように、教材の構成に対する評価では、解説が調査協力者に
とっての母語ではない英語で書かれていたが、高い評価が得られた。
また、記述回答では、課題となるフレーズを繰り返し練習する点や
日本人の発話が必要最小限の表現から一文発話の中の表現へと段階
を追って進められる点について評価が高かった。

4. 教材に対する意見

　教材に対する意見については、(16)と(17)の2つを取りあげる。

(16) 回答方式に関する意見
(17) 音声表記に関する意見

　(16)については4.1で、(17)については4.2で詳しく述べる。

4.1 回答方式に関する意見

　練習問題の回答方式がすべて2択になっていることに関する意見
では、全体的には評価が高かったものの、2択以外の回答方式や問
題も入れてほしいといった要望が得られた。
　まず、回答方法についての質問である。この教材で回答方法が選
択式である点についてどう思うかという質問に対する回答結果は図
6のとおりである。おおむね肯定的な評価であった。

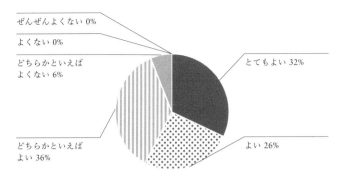

ぜんぜんよくない 0%

よくない 0%

どちらかといえば
よくない 6%

とてもよい 32%

どちらかといえば
よい 36%

よい 26%

図6：選択式の回答方式に対する回答結果

　選択式の回答方式に関する具体的なコメントとしては、(18)から(20)のような意見があげられた。

(18)　2択ではなく複数の選択肢があるとよい。
(19)　「はい」「いいえ」の2択ではなく、さまざまな答え方があるとよい。
(20)　答え方のバリエーションを増やし、いろいろな種類の問題を入れていくべきだと思う。

　アンケートの6段階の選択式回答では、肯定的な評価が得られたが、自由記述の回答では、(18)から(20)のような「はい」「いいえ」の2択以外の回答方式や問題を求める声も複数得られた。これらは、調査協力者のほとんどが学生であり、試験問題のような複雑な問題を解くのに慣れていることが影響しているのではないかと考えられる。

　この教材は、あえて選択肢を読んでゆっくり考えてから正解を選ぶような回答方式をとっていない。その理由は、聴解は相手の発話を聞いて一瞬で理解し、正しく反応する必要があるからである。そのため、この教材の練習でも、解説を読んで理解できれば、必ず正解できるように構成されている。2択の回答方式は、学習者に自分の聞きとりの理解が正しいことを確認してもらうためのものとして設定されている。

4.2 音声表記に関する意見

　この教材では、英語版の音声表記はヘボン式ローマ字ではなく、英語の音声と文字の関係に従って野田尚史・中北美千子(2018)で考案された独自のアルファベット表記を用いている。たとえば、ローマ字の読み方を教えずに英語話者に「take（竹）」を読ませると「テイク」という発音になる。このような音声表記による誤解を避けるため、ヘボン式ローマ字が日本語のどのような音声と対応しているのかを学習しなくても、英語の表記と音声との関係から直感的に日本語の音声がわかるようになっている。この教材に出てくる例で言うと、たとえば、郵便局の場合、ヘボン式ローマ字だと「yubinkyo-ku」だが、この教材では(21)のように「you-woo-bee-n-kyo-koo」と表記される。「you」が「ユ」、「woo」が「ー（ウ）」、「bee」が「ビ」を表している。

(21)　［you-woo-bee-n-kyo-koo］(the post office).

　ここでは、学習者から得られた回答の中で音声表記に関する評価をコメントとともに提示する。
　まず、学習する表現の音声表記が、英語の発音に合わせたアルファベットで書かれている点についてどう思うかという質問に対する回答結果は図7のとおりである。肯定的な評価と否定的な評価がおよそ半々に分かれている。

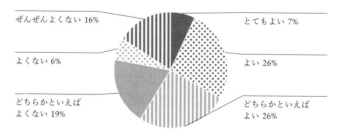

ぜんぜんよくない 16%
よくない 6%
どちらかといえば
よくない 19%
とてもよい 7%
よい 26%
どちらかといえば
よい 26%

図7：音声表記に対する回答結果

音声表記に関しては、具体的な指摘として(22)から(24)のような意見があげられた。

(22)　英語の音で文字化されたアルファベット表記があり、実際の発音とのギャップが生じて混乱した。

(23)　英語ベースの音声表記がわかりにくいので、他の音声表記を加えてほしい。仮名の読みに対応したローマ字を入れるとよいと思う。

(24)　教材の言語が1つだけ表示される点。目標言語である日本語と学習者の母語の両方を表示する。

　このように、発音のアルファベット表記に関しては、全体としては肯定的な評価が半数を超えるものの、他の項目に比べると、(22)や(23)のように「混乱した」、「わかりにくい」という意見も得られた。英語の使用に支障がない人にとっても音声表記を理解するのは難しかったようである。その理由として、初級の学習者は、ヘボン式ローマ字など別のアルファベットによる音声表記に慣れていることが影響していると考えられる。そのため、(23)のようにローマ字の綴りで音声を確認したいという意見が複数得られた。また、(24)のように日本語でも確認したいという声が複数寄せられた。
　この教材は聴解に特化したものであり、この教材では音声だけで聞きとりができるようになることを目指しているので、練習問題では音声表記を提示していない。ただし、どのような音かを認識する補助として、解説画面では音声表記を示している。この音声表記は実際に聞こえる音と結びつけて理解するための補助的な役割を担うものである。しかし、英語母語話者でない教材使用者にとっては英語の文字と音声の関係に従った音声表記はわかりにくいようである。今後、野田尚史・高澤美由紀(2020)で提案されているスペイン語の文字と音声の関係に従った日本語音声表記のように、さまざまな言語の文字と音声の関係に従った音声表記を開発し、それを使った教材を提供する必要がある。(22)(23)のように、従来のローマ字表記の読み方に引っ張られ混乱を招くことを避けるためには、多言語

版をさらに展開し、教材使用者の母語に対応した教材を提供してい
くことが有効であると考える。

5. 今後教材化してほしいテーマ

　今後どのような聴解教材があれば使ってみたいかという問いに対
する自由回答をまとめると、(25)と(26)の2つに分けられる。

(25)　店員や友人などとのやりとり
(26)　公共機関の窓口や案内係などとのやりとり

　(25)については5.1で、(26)については5.2で詳しく述べる。

5.1 店員や友人などとのやりとり

　調査協力者からは、(27)や(28)のような店員とのやりとりと、
(29)や(30)のような教師や友人とのやりとりを教材として取りあ
げてほしいと希望する回答が得られた。
　次の(27)と(28)は、店員とのやりとりである。

(27)　日本で洋服を買うときの店員とのやりとり。
(28)　スーパーやレストランなどで使う表現。

　調査協力者からは「コンビニ」や「コーヒーショップ」などの教
材を通して、海外とは異なる日本の仕組みを学ぶことができたとい
う肯定的な意見が得られた。そして、既存の教材に続くものとして、
(27)や(28)のように日本の仕組みが学べるような店員とのやりと
りを理解するための教材が増えることを望んでいる。
　次の(29)と(30)は教師や友人とのやりとりである。

(29)　教師と学生との会話や学生同士の会話など学校関係がテーマ

の会話を聞いてみたい。

(30) 挨拶が行われる場面がテーマの聞きとり。出会い、別れ、フォーマルな挨拶とインフォーマルな挨拶など日常生活に関するもの。

　(29)は、学校を場面とした教師や友人とのやりとりである。既に、「雑談」の教材は公開しているが、学校内での日常生活で必要となる聞きとりの教材にも要望があった。調査協力者が主に学生だったこともあり、学校での会話を希望する声が多かったが、中には、「日本で仕事をする準備として、職場や面接で使う日本語の聴解」を希望する声もあった。雑談以外では、(30)の挨拶が行われる場面でのやりとりである。今回、調査で教材を使用し、日本特有の表現やシステムを学んだことから、挨拶などの場面でも日本特有の言い回しや表現があるのではないかという推測が働いた可能性がある。
　このような「店員や友人などとのやりとり」は、日本語が分からないと困るものであり、教材を作成する上で優先度が高いと考える。

5.2 公共機関の窓口や案内係などとのやりとり

　調査協力者からは、(31)や(32)のような日本で旅行するときに必要となる「公共機関でのアナウンスや案内係などのやりとり」や(33)のような生活を始めるときに必要となる「公共機関の窓口などでのやりとり」を教材として取りあげてほしいと希望する回答が得られた。

(31) 空港スタッフとのやりとり。
(32) 公共機関でのマイクで行われるアナウンスや駅員と乗客との会話など。特に外国人は東京などで地下鉄を利用して移動することが多いと思うから。
(33) 銀行や市役所での会話。

　(31)や(32)は、空港や駅などの公共交通機関での空港スタッフ

や駅員とのやりとりである。空港や駅では、そこで流れるアナウンスのほか、空港では、パスポートコントロールなどでの聞きとり、駅では、チケットを買う時や電車の乗り継ぎ案内などを聞く場面での聞きとりで、特に日本で旅行するときに必要となる場面をテーマにした聞きとりの教材である。空港や駅でも多言語によるアナウンスがあり、日本語で聞く必要はないため、教材化の優先度が高いとは言えないが、日本語を勉強している学習者たちは、できれば1つでも多くのことを日本語で理解し、生活したいと思っていることがこの結果に表れている。また、(33)は、特に日本で生活を始めるときに必要となるやりとりである。口座開設や住民登録など必要な手続きを日本語でしたいという学習者の希望があげられた。しかし、都市部と非都市部では状況が異なるかもしれないが、銀行や市役所も少しずつ多言語化が進んでいる。そのため、教材を作成する上での優先度が高いとは言えない。

6. まとめ

　ここでは、ウェブ版日本語聴解教材「日本語を聞きたい！」で公開されている4つの聴解教材「自宅のインターホン」「コーヒーショップ」「カラオケ店」「コンビニ」をフランス、ドイツ、スペインに在住する日本語初級学習者に試用してもらった結果について報告した。
　この教材に対する評価としては、(34)(35)のような評価が得られた。

(34)　教材全体に対する評価として、難しさ、楽しさ、実用性のそれぞれの項目で肯定的な評価が得られた。わかりやすいウェブサイトである点や日常的な場面で日本人と直接話しているような設定についての評価が高かった。

(35)　教材の構成に対する評価として、課題となるフレーズを繰り返し練習する点や、セクションが進むにつれて必要最小限の表現を聞きとる練習から一文の発話を聞きとる練習へと段階

を追って練習を積み重ねられる点について評価が高かった。

　この教材に対する意見としては、(36)(37)のような意見が得られた。

(36)　回答方式に関する意見として、答え方のバリエーションを増やしてほしいといった意見が寄せられたが、全体的には肯定的な評価が得られた。

(37)　音声表記に関する意見として、従来のローマ字表記と異なる音声表記は読みづらいといった意見が寄せられた。さまざまな言語の文字と音声の関係に従った音声表記を開発し、それを使った教材を提供する必要がある。

　今後教材化してほしいものとしては、(38)のようなニーズが得られた。

(38)　今後教材化してほしいものとしては、特に優先度の高いものとして「店員や友人などとのやりとり」があげられ、「コンビニ」や「カラオケ」に続く教材や学校での教員、友人とのやりとりを聞きとる教材を希望する回答が寄せられた。

　聴解教材の試用調査の結果から調査協力者の声をまとめていくと、日本語学習者はこの教材そのものに関して肯定的に評価している。
　今後の教材化に関しては、今回の試用調査の結果を踏まえ、教材使用者の多様な母語に対応する教材と日常生活で聞きとる必要が高い場面の教材の開発が必要である。

（村田裕美子）

付記

　教材の試用調査では、中島晶子氏(パリ大学)、白石実氏(元バルセロナ自治大学)の協力を得た。

調査資料

「日本語を聞きたい!」, 野田尚史他, 2017– [https://www.nihongo-tai.com/japanese/kiku/]

参考文献

中西家栄子(2003)「Web 対応日本語聴解教材の研究開発と試行結果」『独協大学外国語教育研究』21, pp. 41–66.

野田尚史・高澤美由紀(2020)「スペイン語アルファベットによる日本語音声表記」『国立国語研究所論集』19, pp. 139–166. 国立国語研究所 [http://doi.org/10.15084/00002833]

野田尚史・中北美千子(2018)「英語アルファベットによる日本語音声表記」『国立国語研究所論集』15, pp. 135–162. 国立国語研究所 [http://doi.org/10.15084/00001600]

水町伊佐男・多和田眞一郎・茅本百合子・桑原陽子・山中恵美(2003)「日本語CALL聴解練習用コースウェアの開発と評価」『日本教育工学雑誌』27 (3), pp. 337–346.

あとがき

　私は学生時代、外国語の音声を聞いて質問に答える聴解練習が大嫌いで不得意でした。でも、海外に行って実際に相手が自分に話してくることを聞きとるのは、それほどできないわけはありませんでした。その場の状況や話の流れを考えて、言っていることを推測するのが得意だったのでしょう。その反対のタイプとして、聴解問題はよくできるのに、実際の聞きとりはそれほどでもない人もいます。

　どちらのタイプの人のことを考えても、言語教育で行っている聴解と実際の聴解には大きな開きがあるので、その開きを何とかしないといけないとずっと思い続けてきました。本書によってその開きを少しでも小さくすることができれば、とてもうれしく思います。　　　　　　　　（野田尚史）

　このプロジェクトに参加し、学習者の聞きとり困難点の調査を行ったとき、簡単に聞きとれるだろうと思っていた場面でも、思わぬ方向で推測を広げ、意味を取り違えることがあり、実際に話されている音声を聞きとる難しさを感じました。しかし、それと同時に、間違えてはいるものの、学習者の見事な推測力に驚きました。「聞く」とはただ聞こえてきた音と単語の意味を結びつける行為ではなく、場面、状況、背景知識、過去の経験、話の文脈など様々な要素と音を組み合わせ、意味を形成していく行為なのだと気づかされました。そのように「聞く」ことができるようになる聴解教材を作成する際の手掛かりとして本書が役に立てば幸いです。

（中尾有岐）

　本書はとてもわかりやすく書かれていると思います。著者に原稿を何回も何回も書き直してもらったからです。編者の要求に辛抱強く応えてくださった著者の皆さんのおかげです。また、ひつじ書房の松本功さんと丹野あゆみさんには、本書の編集と出版でたいへんお世話になりました。

　なお、本書は国立国語研究所共同研究プロジェクト「日本語学習者のコミュニケーションの多角的解明」の成果です。　　　（野田尚史・中尾有岐）

編者紹介（2022 年 1 月現在）

野田尚史（のだ ひさし）

日本大学文理学部教授。1956 年、金沢市生まれ。大阪外国語大学イスパニア語学科卒業、同大学大学院修士課程日本語学専攻修了。博士（言語学）。大阪外国語大学助手、筑波大学講師、大阪府立大学助教授・教授、国立国語研究所教授を経て、現職。著書に『コミュニケーションのための日本語教育文法』（編著、くろしお出版、2005 年）、『日本語教育のためのコミュニケーション研究』（編著、くろしお出版、2012 年）などがある。

中尾有岐（なかお ゆき）

国際交流基金関西国際センター日本語教育専門員。1982 年、大阪府生まれ。大阪外国語大学国際文化学科日本語専攻卒業、大阪大学大学院言語社会研究科国際言語社会専攻修了。国際交流基金バンコク日本文化センター日本語専門家、同日本語国際センター専任講師などを経て、現職。著書・論文に『日本語 あきこと友だち 改訂版』（共著、TPA Press、2017 年）、「並列事態が想定しにくいモについて」（『日本語文法』8-1、2008 年）などがある。

執筆者紹介（2022 年 1 月現在）

久保輝幸（くぼ てるゆき）　浙江工商大学東亜研究院日本研究中心副教授
阪上彩子（さかうえ あやこ）　立命館大学国際教育推進機構嘱託講師
島津浩美（しまづ ひろみ）　神戸大学国際教育総合センター非常勤講師
首藤美香（しゅとう みか）　兵庫県立大学国際商経学部日本語インストラクター
鋤野亜弓（すきの あゆみ）　専門教育出版社員
高山弘子（たかやま ひろこ）　久留米大学非常勤講師
太原ゆか（たはら ゆか）　日本台湾交流協会台北事務所日本語専門家
中尾有岐（なかお ゆき）　国際交流基金関西国際センター日本語教育専門員
中山英治（なかやま えいじ）　大阪産業大学国際学部教授
野田尚史（のだ ひさし）　日本大学文理学部教授
萩原章子（はぎわら あきこ）　お茶の水女子大学国際教育センター講師
日比伊奈穂（ひび いなほ）　追手門学院大学講師
村田裕美子（むらた ゆみこ）　ミュンヘン大学日本センター講師
吉川景子（よしかわ けいこ）　カナダ・アルバータ州教育省日本語教育アドバイザー

日本語コミュニケーションのための聴解教材の作成
How to Create Listening Materials for Japanese Communication

Edited by Hisashi NODA and Yuki NAKAO

発行　　　　　2022 年 3 月 22 日　初版 1 刷
定価　　　　　3200 円＋税
編者　　　　　© 野田尚史・中尾有岐
発行者　　　　松本功
ブックデザイン　杉下城司
印刷・製本所　　株式会社 シナノ
発行所　　　　株式会社 ひつじ書房
　　　　　　　〒112-0011 東京都文京区千石 2-1-2 大和ビル 2 階
　　　　　　　Tel: 03-5319-4916　Fax: 03-5319-4917
　　　　　　　郵便振替 00120-8-142852
　　　　　　　toiawase@hituzi.co.jp　https://www.hituzi.co.jp/

ISBN978-4-8234-1120-5

場面とコミュニケーションでわかる日本語文法ハンドブック

中西久実子編　中西久実子・坂口昌子・中俣尚己・大谷つかさ・寺田友子著
定価3,600円＋税

日本語教師が知っておくべき知識・技術を網羅。総ルビで外国人日本語学習者の読解教材として使える。文法知識は主要な教科書との対応が示され、新人日本語教師の助けになる。

フランス語を母語とする日本語学習者の誤用から考える

大島弘子編　定価4,200円＋税

フランス語を母語とする日本語学習者が出会う困難、誤用を観点に、フランスと日本、それぞれで日本語を教える研究者が分析を行う。すべての日本語教育に関わる方に有益。執筆者：秋廣尚恵、岩内佳代子、牛山和子、大島弘子、神山剛樹、黒沢晶子、砂川有里子、竹村亜紀子、中尾雪江、中島晶子、中村デロワ弥生、野田尚史、ジャン・バザンテ、東伴子